曾应枫
刘小玲
主编

曾应枫 著

匠心

岭南文艺

南故事书系

SPM 南方出版传媒

全国优秀出版社　全国百佳图书出版单位　广东教育出版社

·广州·

图书在版编目（CIP）数据

巧匠心：岭南文艺 / 曾应枫著. — 广州：广东教育出版社，2021.5

（岭南故事书系 / 曾应枫，刘小玲主编）

ISBN 978-7-5548-3435-0

Ⅰ.①巧… Ⅱ.①曾… Ⅲ.①文化艺术 — 介绍 — 广东　Ⅳ.①G127.65

中国版本图书馆CIP数据核字（2020）第136441号

责任编辑：王泽冰　钟儒若
责任技编：吴华莲
装帧设计：邓君豪

QIAO JIANG XIN——LINGNAN WENYI

巧匠心——岭南文艺

广 东 教 育 出 版 社 出 版
（广州市环市东路472号12-15楼）
邮政编码：510075
网址：http://www.gjs.cn
广东新华发行集团股份有限公司经销
广州市岭美文化科技有限公司印刷
（广州市荔湾区花地大道南海南工商贸易区A幢）
890毫米×1240毫米　32开本　5.875印张　117 500字
2021年5月第1版　2021年5月第1次印刷
ISBN 978-7-5548-3435-0
定价：39.80元

质量监督电话：020-87613102　邮箱：gjs-quality@nfcb.com.cn
购书咨询电话：020-87615809

前言

曾应枫

　　亲爱的读者，当你看到这本书的题目时，你的心中会不会有这样的疑问："岭南文艺究竟是什么？与我日常的生活有关吗？"

　　本书所展示的岭南文艺，主要指岭南民间文艺。民间文艺是人民大众在生产和生活中创造的知识和艺术，涉及的内容相当广泛，包括民间文学、民俗文化、民间艺术和民间手工艺等，在有着五千年文明的中国土地上不断孕育、成长，说得上博大精深，本书只是展示了岭南文艺的说唱、舞蹈和手工艺部分。这些代表了岭南地区最具活力、最灿烂多姿的民间艺术，非常值得大家抽空读一读、看一看。很多岭南民间艺术已被列入国家级或省级的非物质文化遗产名录，通过了解岭南民间艺术的历史发展脉络，我们可以感受到这些璀璨的传统岭南艺术难以言尽的丰韵。如何保护前人的宝贵文化遗产并将其弘扬光大，这是我们及子孙后代应该深思和身体力行的。

    本书的出版得到了许多人的帮助，在此我要感谢黎丽明及一批民间志愿人士，他们怀着对本土文化的热爱，和广州市民间文艺家协会的会员朋友们一起搜集、整理材料，而他们的名字没有出现在书里，因为他们说，我们是"民间文化义工"！我欣喜，因为有越来越多的民间文化义工加入抢救和保护民间文化遗产的行列，大家一起为弘扬岭南优秀的传统文化努力，明天一定会更美好！

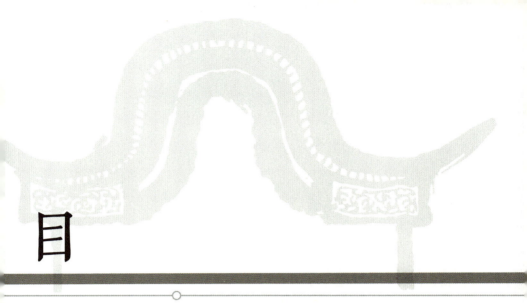

目录

聆听天籁声

粤俗展芳华

天工人可代

可以说，任何一门艺术，无不源自民间。那些浸润了岭南农耕文化的民间艺术，可以说浑然天成。天籁，是指自然界的声响，如风声、鸟声、流水声等，也指诗文浑然天成，或指民歌得自然之趣，随口而唱，随口用韵。请看那一首首夹着田野之风、饱含着时代之音的民间音乐及演唱艺术，如岭南古琴艺术、粤剧、粤曲、广东音乐、客家山歌等，不管流传到哪里，气息是相通的，当你用心去体味，才领会到中华民族民间艺术的博大精深。

聆听天籁声

知音难觅——古琴艺术

　　古琴是我国流传至今最古老的弹拨乐器之一，又称"琴""七弦琴"，别称"绿绮""丝桐"。古琴演奏主要体现为一种平置弹拨乐器独奏的艺术形式，包括唱、弹兼顾的琴歌与琴、箫合奏。

⮡ 岭南古琴

伯牙与子期的千古绝响

　　"知音"这个词源自我国春秋时期俞伯牙与钟子期高

山流水觅知音的故事，这也是一段古人与古琴的故事，在我国可谓家喻户晓。

春秋时期，有一位名叫俞伯牙的士大夫，他从小酷爱古琴，弹起琴来，琴声优美动听，犹如高山流水一般，因此，得到很多人的赞美。但是，俞伯牙却认为自己一直没有遇到真正能听懂他琴声的知音。

有一年的八月十五中秋夜，伯牙在楚国汉阳江口一座山下，被眼前景致所打动，不觉兴致大发，静坐抚琴。正当他沉醉在优美的琴声中，猛然看到一个人在岸边一动不动地站着。

伯牙借着月光仔细一看，只见那个人身旁放着一担干柴，是个打柴的人。伯牙心想：一个樵夫，怎么会听懂我的琴呢？于是他问："你既然懂得琴声，那就请你说说看，我弹的是一首什么曲子？"

那樵夫笑着回答："先生，您刚才弹的是孔子赞叹弟子颜回的曲谱。"伯牙听罢心中暗暗佩服，邀请他上前，问明这樵夫名叫钟子期。伯牙又弹了几曲，请子期辨识其中之意。当他弹奏的琴声雄壮高亢的时候，子期说："这琴声，表达了高山的雄伟气势。"当琴声变得清新流畅时，子期说："这后弹的琴声，表达的是无尽的流水。"伯牙听了不禁惊喜万分，没想到，在这野岭之下，竟遇到自己久久寻觅不到的知音，并约定来年的中秋再到这里以琴相会。

第二年中秋，伯牙如约来到了汉阳江口，可是他等啊

🎵《听琴图》

等啊，怎么也不见子期来赴约。他弹起琴来召唤这位知音，弹了一曲又一曲，还是不见人来。第二天，伯牙才得知，子期已不幸染病去世，临终前，他留下遗言，要把坟墓修在江边，到八月十五相会时，好听伯牙的琴声。伯牙万分悲痛，他来到子期的坟前，凄楚地弹起了古曲《高山流水》，弹罢，挑断了琴弦，长叹了一声，把心爱的瑶琴在青石上摔了个粉碎。伯牙悲伤道："我唯一的知音已不在人世了，这琴还弹给谁听呢？"

古语云：士为知己者死，女为悦己者容。伯牙为子期抚琴，子期为伯牙的琴声所倾倒，两位知音的故事流传千古。后人在他们相遇的地方，筑起了一座古琴台，直至今天，人们还常用"知音"来形容朋友之间的真情。

古琴艺术的岭南琴派

琴、棋、书、画是自古以来中国文人整体素质的具体显现，琴居四艺之首，古琴是我国流传至今最古老的弹拨乐器之一。相传，古琴创于史前传说时代的伏羲氏和神农氏时期，到汉代已经发展完备，经历代琴人及文人的创造，演奏艺术与风格不断完善，并一直延续至今。古琴演奏是中国历史上最古老，最具民族精神、审美情趣和传统艺术特征的器乐演奏形式。

古琴艺术在中国不但流传久远，而且分不同的艺术流派，如虞山派、九嶷派、诸城派、川派、中州派、浙派、萧城派、岭南派等。岭南派就是流行于广东珠江三角洲一带的古琴派，以"古朴、刚健、爽朗、明快"的特色传颂于世。

古琴是什么时候进入岭南的呢？古书记载，五代十国时期（907—979），广东广西一带建立了南汉国，吏部郎中陈用拙著有《大唐正声琴籍》10卷。宋灭南汉后，把南汉一班宫廷乐师请到皇宫中，其中就有琴艺高手。宋末元兵南侵，不少中原人避居岭南，南宋末代小皇帝最后逃至冈州（今新会）崖山，在冈州留下一批中原琴艺琴谱，后人将其整理成书，名为《古冈遗谱》，这是岭南琴派奉为圭臬的典籍。

明末清初，广州府著名文士陈献章、邝露、陈子壮、陈子升等都是有名的古琴人。清代晚期，岭南琴派声名渐

《悟雪山房琴谱》内页

显，近代岭南琴派创始人为黄景星。1836年，居于广州的黄景星不但组织琴社，广交琴友，还编成《悟雪山房琴谱》，共收琴曲50首。清末民初，广州地区知名琴人有何斌襄、容心言、朱启连（朱执信之父）和郑健侯。郑健侯的入室弟子杨新伦把岭南琴派发扬光大。

岭南琴派的领军人物

当代岭南琴派的领军人物首推杨新伦（1898—1990），杨新伦是番禺鸦湖乡（今广州市白云区）人，青年时曾习武，先后在广州、江苏、上海等地学校或精武体育会任武术教练，学古琴是半路出家。偶然的一次机会，他听了名琴家吴纯白演奏的古琴，深深被古琴艺术的高雅清逸所吸引，决心学琴。1929年，杨新伦拜郑健侯为师，并把郑老师供养在家中达20年，尽得琴艺真传。1953年，杨新伦回到广州，成为广东省文史研究馆研究员。1960年9月，杨新伦受聘于岭南最高音乐学府——广州音乐专科学校（星海音乐学院前身）古琴专业任教。

数十年来，杨新伦积极推动广东古琴艺术的教学和研究。于1980年10月成立广东古琴研究会，挖掘和整理了岭南派琴曲和传谱，拍摄和录制了杨新伦演奏、教学的音像资料，举办了粤、京、港琴人琴艺交流会。

当代岭南琴派的第二代领军人物是杨新伦先生的入室弟子、广东古琴研究会会长谢导秀。20世纪60年代初，谢导秀就读于广州音乐专科学校古琴专业，师从杨新伦，毕业后在中学任教，继续钻研琴艺。从20世纪70年代至今，杨新伦与谢导秀共同整理岭南派琴曲经典文献《古冈遗谱》，并编印出版。在移植创作琴曲、录制音像资料、古琴演奏交流等方面，师徒二人取得了令人瞩目的成就。后来，继任广东古琴研究会会长的谢导秀不遗余力，在海内外扩大了岭南琴派的影响。几十年间，随谢导秀学琴者从

♪ 杨新伦

最初的几人到现在的几百人，年龄从11岁到80多岁，他们中有工程师、医生、律师、记者、工人、农民、僧尼、学生等。如今，以广州为活动中心的岭南琴派，已经有多个琴社，中山大学也成立了"澄心琴社"，每月一雅集，每年两三次大活动。广州市少年宫也开设了古琴学习班。

古人有诗句咏琴艺道："七条弦上五音寒，此艺知音自古难。"古琴艺术以修身养性的自娱自乐为主，偶有雅集，也不过四五知己而已。琴谱不记旋律与节奏，只记指法、指型、指位，外行人看如见天书，若无老师指点，自学甚难。但是，如今在经济发达的广东珠三角一带，岭南琴派竟不乏知音与求学者，实为难得。

2003年11月7日，中国古琴艺术入选世界"人类口头和非物质遗产代表作"名录，有着3000年悠久历史的中国古琴艺术的价值得到世界公认。

南国红豆——粤剧大戏

粤剧，又称"广府大戏""广东大戏"，是流行于两广（广东、广西）和港澳（香港、澳门）地区的戏剧，具有三百多年历史，随着广府人徙居海外开枝散叶，粤剧成了世界上流传最广的地方剧种，也是中国最先走向世界的剧种，可谓有华人的地方就有粤剧。

粤剧的形成

"红豆生南国，春来发几枝。愿君多采撷，此物最相思。"这是唐代王维的一首名诗，周恩来曾以"南国红豆"比喻粤剧，赞美中国戏剧中这一大剧种，从此，"南国红豆"成为粤剧的美称。

粤剧始于何时，一直都是众说纷纭。较权威的说法是明代嘉靖年间，江浙的昆腔和江西的弋阳腔传入广东，与本地流行的南音、龙舟、粤讴等民间曲调，以及广东器乐乐曲相结合，形成了粤剧。至于民间的说法，则丰富多了。

◎《穆桂英大破天门阵》

　　一说是在明代万历年间，从佛山出现琼花会馆时算起，本地戏班吸纳了昆腔、弋阳腔、西皮、二黄等外来声腔，形成早期粤剧。

　　还有人说是清雍正年间，北京有位名伶，姓张名骞，人称"摊手五"，他是个万能老倌，文武戏都精通，同时还是个反清志士。张骞被清兵追杀，逃到广东，寄居佛山，建立琼花会馆。后来，"摊手五"把京剧和粤地方腔结合起来，创立粤剧。至今，粤剧界还尊奉"摊手五"为"前传后教张骞师父"，经常祭拜。

　　还有一说是粤剧产生在清咸丰年间。粤剧艺人李文茂响应太平天国起义，率领广府班粤剧子弟揭竿而起，编建起义三军，自认三军元帅，并命义军头领穿起舞台上的明代戏装服饰，打到广西。李文茂破柳州后称平靖王，演戏酬神庆祝，在广西播下粤剧的种子。

这一壮举发生前后，粤剧真正发展起来。李文茂起义失败后，清廷官府铲平琼花会馆，逼得粤剧艺人四散他乡，这也为粤剧传到海外创造了机遇。

粤剧生成于本土民间，经三四百年流传和发展，深入千家万户，从广州地区到珠江三角洲，进而推广到粤西、广西，再传到香港、澳门等地，并且很快传播到东南亚、美国、加拿大等地方。

八和会馆与红船子弟

粤剧有其行会组织。清光绪十年（1884），在邝新华（原名邝殿卿）等艺人策划，李从善等社会人士支持下，在广州黄沙创立八和会馆。八和会馆共分八堂，即德和堂（供武生、小武居住）、永和堂（供小生居住）、兆和堂（供正旦、贴旦居住）、新和堂（供花旦居住）、福和堂（供网巾边、丑生居住）、慎和堂（供老艺人、行政人员居住）、普和堂（供棚面、音乐

⚓ 红船模型

人员居住）、合和堂（供道具管理人员居住）等八个堂口，不同行当的艺人住不同分堂，各堂有所管的行当。会馆实行行长制，首任行长为邝新华。此后，八和会馆成为粤剧行业的会台之所，确立了广州的粤剧中心地位。

粤剧原来无编剧，直到清末，广州建起了戏院，粤剧逐渐由下乡班变为戏院演出，经营戏班演出的班主与经营戏班生意的公司为迎合观众口味，增大文戏比重，聘请了开戏师爷（编剧），新编了不少言情戏，突出生旦戏，从此结束了粤剧无编剧的历史。

人们常将粤剧艺人称为"红船子弟"，为何？原来早期的粤剧"本地班"生存是十分艰难的，时常受到官府和"外江班"的排挤，只能在乡间村落巡演。由于珠江三角洲河道纵横水网交错，交通工具主要是船，戏班就特制两艘戏船，人员食宿、演出道具甚至练功活动等全在船上。为便于辨认，船身漆成红色，船头船尾以龙头凤尾装饰，故名"红船"，于是"红船"成了粤剧的代名词，粤剧艺人称"红船子弟"。从乾隆年间起，"红船"在珠江三角洲一带活跃了两百多年。

从桂林官话到粤语演唱

粤剧，顾名思义，是用粤语演唱的戏剧，你也许不知道，最初的粤剧演唱用的是桂林官话，也叫"戏棚官话"，直到20世纪初才用粤语演唱。为何？今天，我们有必要回顾一下粤剧艺人参与推翻封建清王朝的丰功伟绩。1904年，陈少白等革命党人在海幢寺创办天演公司，编演新戏，成为志士班的

🔺 八和会馆

先声。广州接着有黄鲁逸等创办的"优天影"，陈铁军等创办的"振天声"等编演新剧的志士班二三十个。他们编演的新戏内容多抨击贪官污吏、封建恶习，歌颂民族英雄。演出时仿效话剧的化妆、服装，用话剧加粤剧曲调形式演出，还吸纳南音、粤讴、龙舟等曲调，用粤语演唱。1908年，粤剧界组团赴南洋演出，为革命筹款。孙中山先生在新加坡看了"振天声"班演出，大加赞赏。志士班用粤语演出，影响了整个粤剧界。开始，不少艺人视志士班为"九和"（不入流），后来见到粤语演唱大受观众欢迎，一些艺人也试用平喉（真嗓）唱粤语，代替假嗓唱"官话"。从此，粤剧逐渐用粤语演出。到了20世纪20年代，粤剧基本以粤语演唱。可以说，辛亥革命也推动了粤剧革命。

　　20世纪二三十年代，粤剧进入鼎盛时期，来往于广州和香港两地的省港班是粤剧行的主流，主要有几方面重大发展：一是剧目猛增；二是唱腔曲调多元化；三是表演艺术丰富多彩。此时，粤剧界人才辈出，产生"五大流派"，分别是："万能老倌"薛觉先所创的"薛腔"；名丑马师曾所创的"马腔"，又称"乞儿喉"；"小生王"白驹荣所创的"白腔"；丑生廖侠怀所创的"廖腔"；"金牌小武"桂名扬所创的"桂腔"等。产生了四大名旦：上海妹、谭兰卿、谭玉兰、卫少芳。

　　20世纪三四十年代，涌现了花旦红线女（邝健廉）、芳艳芬、楚岫云、郎筠玉、白雪仙；文武生任剑辉（女）、罗品超、吕玉郎、何非凡、新马师曾；小武靓少佳、梁荫棠；等等。真可谓群星璀璨，星光熠熠，他们对粤剧发展做出了杰出贡献。其间，粤剧界最为著名的事件是"薛马争雄"。薛觉先的觉先声剧团以广州为基地，马师曾的太平剧团以香港为大本营，两者就改革粤剧，贴近大众，在戏路、风格与艺术上展开激烈的竞争，对粤剧的发展做出很大贡献。令人钦佩的是，"薛""马"虽在艺术上争雄，但两人的私交一直很好。

红线女及其"红派"艺术

　　说起粤剧，必须浓墨重彩地说说红线女，这位享誉海内外的粤剧表演艺术家，在舞台上塑造了众多动人的艺术形象，创造了"红腔"，开创了粤剧的"红派"艺术。

红线女原名邝健廉，她的堂伯父就是粤剧泰斗邝新华，她的外祖父是驰名东南亚的武生声架南（原名谭杰南），舅父靓少佳是省港大班的正印小武，在省（指当时的广东省省城广州）港澳及海外的

▷ 红线女

美国、东南亚等地均享有盛誉，舅母何芙莲也是著名花旦。红线女生长在这样一个粤剧渊源很深的家庭环境中，从小就受到粤剧艺术的熏陶，八九岁时就跟着留声机学唱粤剧。红线女原住在广州西关，常随母亲到戏院看戏，回到家中仿效演唱。1938年她因日军全面侵华而失学，随母亲经澳门赴香港拜舅母何芙莲为师，正式学艺，取艺名"小燕红"。1939年春节，在胜寿年剧团首次登台演出。1940年，红线女随靓少凤的金星剧团演出。靓少凤喜欢红线女的聪明听话、勤奋好学，有空便对她悉心教导，为她打下良好的唱功基础起了很大的作用，靓少凤认为她当时用"小燕红"的艺名不好，建议改为"红线女"，从此，"红线女"成

🎵 红线女

为邝健廉越叫越响的艺名。抗战时期，她成为师曾剧团的正印花旦，到抗战大后方广西等地演出了许多马派剧目，扮演各种不同性格、不同类型的女性角色，适应了各种不同的表演风格。她拼命地学习、钻研，逐渐打开一条宽广的戏路。抗战胜利后，红线女定居香港，成为影剧两栖演员，与马师曾、薛觉先合演《蝴蝶夫人》《清宫恨史》等剧。

1955年，红线女放弃了在香港演艺界的显赫地位和优厚的物质生活，毅然回到内地参加广东粤剧团。自此以后，她更如饥似渴地学习，先后拜京剧大师梅兰芳为师，请教梅派唱法；请京剧表演艺术家程砚秋帮她设计身段、水袖；请俞振飞指点《桂芝告状》；请音乐家周小燕为她丰富《思凡》的唱腔；还请教昆曲名家朱传茗，歌唱家郭兰英、王昆等。她把所学、所识和所获，化为艺术血液，丰富了"红腔"的艺术，在《搜书院》《昭君出塞》《打神》《李香君》《关汉卿》《山乡风云》等剧目的人物形象塑造中，展示出东方女性清香淡雅的气质、高洁端庄的风韵以及在面对苦难或反抗悲剧命运中磨砺出的富于韧性的品格。

红线女从艺 70 多年，演过近百个粤剧，拍过 90 多部电影，形成独具特色的"红派"表演艺术，她所创造的"红腔"，千锤百炼，炉火纯青，许多"红腔"名曲，如《卖荔枝》等脍炙人口。红线女成为举世闻名的粤剧表演艺术家。她的创造性的艺术实践，为粤剧发展史增添了光辉的一页。广州市委、市政府特地兴建了"红线女艺术中心"。

2006年5月粤剧被列入国家非物质文化遗产名录，2009年9月粤剧被列入世界人类非物质文化遗产名录。如今，粤剧剧目已达1.1万多个。直到今天，粤剧界仍在"融会南北戏剧之精华，综合中西音乐而制曲"和"表演生动通俗，贴近大众"的宗旨下不断进行改革，使粤剧成为走向世界的一大地方剧种。

广府八音——粤曲说唱

　　粤曲是广东最大的地方曲种，19 世纪中晚期诞生于以广州为中心的珠江三角洲，是本土曲艺（木鱼、龙舟、南音、粤讴）声腔与戏曲声腔相融合的产物，流行于广东、广西的粤语地区，港澳及海外粤籍华侨聚居的地方。

● 曲艺表演

在一般人的心目中，粤剧和粤曲似乎是一类的，其实它们并不等同。以前，在广州一些茶楼饭店，如大同酒家、陶陶居等设有专门的音乐茶座，也叫曲艺茶座。席间，食客们边饮茶，边欣赏粤曲演唱或广东音乐演奏，总之，都是那熟悉的曲调，市民听得多了，听得熟了，一腔一调都晓得，哪个演员唱得好，下面食客就摇头晃脑跟着哼，就可能多给赏钱；哪个演员走了调，台下食客就有人起哄，赏钱当然不会白给。那几十首脍炙人口的粤曲，市民们竟百听不厌，发烧友还不满足，越来越喜欢评头品足。到了改革开放以后，百花齐放的春天再度来临，"私伙局"诞生了，粤曲更红火了，广州市的一些街巷、公园，特别在西关荔湾一带，粤曲发烧友三五成群，在茶余饭后云集一堂，吹拉弹唱，自娱自乐。20 世纪 80 年代的荔湾区涌现了 30 多个业余乐社，约 500 人。广州市每年都举办"私伙局"交流大赛。从此，"私伙局"以星火燎原之势，席卷粤港澳地区。

粤曲与粤剧的区别

正所谓"外行看热闹，内行看门道"，经常有人问，粤剧和粤曲是一回事吗？粤曲是从粤剧里面的唱段派生出来的吗？

其实，粤曲是由广东本土曲艺发展而来，从以往的歌伎、师娘、瞽师到歌坛伶人，逐渐出现了被人称道的具有特殊风格流派的唱家。粤曲的音乐极为丰富，大约可分为自成系统的 5 个类别：（1）梆子；（2）二黄；（3）弋、昆牌子曲；（4）龙舟、木鱼、南音、粤讴等曲艺的曲子；（5）粤乐及各种小曲杂曲。粤曲在曲调上、板式上的建树、变化，不仅丰富了广东曲艺本身，同时还影响了粤剧舞台，使它们彼此间在唱腔上互相影响、互相促进。另外，粤曲伶人们所唱的曲注重唱腔，自然而流畅，而粤剧是在清末"外江班"结合本地曲艺下发展而来的，更注重戏。两者的发展互相影响，但粤曲并不是粤剧里面的唱段，而是由作曲家专门根据伶人的唱腔量身定做的；而粤剧里的唱段可理解为"折子曲"。粤剧行当与昆剧、京剧没有太大差别，都是生旦净末丑；粤曲则没有这些行当，只分子喉、平喉和大喉，子喉是假声唱，大喉是真声唱，平喉是真假声结合。

总之，粤曲与粤剧关系密切，互相渗透和影响。发展至今，粤曲的音乐唱腔、板式等方面和粤剧基本相同，但粤曲特别讲究唱功，突出声腔艺术，有其独特的风格和创造。

从"八音班"到"师娘"及"女伶"

粤曲从产生、衍变到发展的 150 年间，有三个标志性的发展阶段：

第一阶段，为"八音班"时期。八音班演唱粤曲始于清道光年间（1821—1851）的八音班。何谓八音班？就是由八名乐工组成的音乐班子。以粤曲清唱为主的八音班人数由 8 至 30 人不等，除为民间的喜庆、迎神等活动演唱外，还常到农村和小城镇演出。

第二阶段，是粤曲发展历程中的"师娘"时期，时间在同治年间（1862—1875）。"师娘"即失明女艺人，又称"盲妹"。她们自小由传习粤曲弹唱技艺的"堂口"培养，以自弹自唱形式应邀登门演唱或沿门卖唱为生，她们既可唱吸收了外江班唱腔的"戏棚官话"腔（粤曲早期声腔，主要曲目有"八大曲本"），也可唱粤方言的木鱼、龙舟、粤讴等，她们每人都要掌握不同角色的唱腔，一人演唱多个角色，较之"八音班"在歌唱技艺方面有了新的发展。"师娘"正式登台演唱是在广州十八甫真光公司游乐场开幕之际。后来，茶楼为吸引顾客，开设歌坛，请"师娘"坐着演唱。那时的粤曲也如粤剧一样唱官话。知名艺人有月英、汉英等。

第三阶段，是以粤语演唱的"女伶"时期，时间在1918—1945 年，这是粤曲史上的全盛时期。开眼"女伶"取代盲妹"师娘"，进入歌坛，改坐唱为站唱。女伶的重大贡献是把粤剧十大行当的腔口归并为大喉、平喉、子喉三大腔系，请粤乐师傅伴奏，为她们设计唱腔，并引入西洋乐器伴奏，创作小曲，使粤曲曲牌板式丰富，唱腔动听。20 世纪 20 年代初，广州的茶楼纷纷开设歌坛，以九如、大三元、怡香、建南等八家茶楼上座率最高，故有"八大歌坛"之称。名伶常演唱于省港澳三地，促进了粤曲的发展。著名的女伶有大喉唱家熊飞影，平喉唱家小明星、徐柳仙，子喉唱家张琼仙等。在西关，20 世纪三四十年代还出了个"三喉歌后"何丽芳。

"星腔"代代有人传

回顾历史，可见粤曲的崛起是女性艺人的功劳。可惜，女伶的命运大多不济。省港澳地区观众熟悉的"小明星"，就是一个典型的红颜薄命的女伶。小明星，原名邓惠莲，曾用艺名邓曼薇。她自幼父母双亡，学艺卖唱，11岁以"童星"享名，被誉为"小明星"。她的演唱感情处理十分细腻，行腔低回婉转，缠绵悱恻，听来沁人肺腑，她创立一种别有韵味的平喉新腔——星腔，改艺名为"小明星"。成名后的小明星以唱幽怨凄怆的平喉走红歌坛，17岁便成了广州歌坛的台柱子，位居女伶时代四大平喉唱家之首。听众听小明星唱曲，静得落针可闻，可见小明星受欢迎的程度。后来小明星到了香港，又成了香港当红女伶。那时香港的曲艺茶座是每位收费一角五分，小明星出场，增加到两角

"小明星"专辑

五分。后香港被日军占领后，小明星到了澳门，一样好评如潮，她的成名曲有《痴魂》《秋坟》等。

当时女伶的酬金，唱一晚约4小时，只得2元到6元，由于要买衣饰，还要送礼讨好歌坛把头（指

某一行当的头目），所以女伶的生活也很清贫。相对而言，小明星收入高些。

作为一代名伶，小明星的爱情并不如意，两次真情投入都遭重挫。由于战争，小明星从澳门回到被日军占领的广州，此时她已万念俱灰，加上身患肺病，欠下一身债，茶楼老板还逼她登台演唱抵债。1942年8月，小明星在长堤先施公司（今华夏公司处）天台音乐茶座演唱《秋坟》，竟成绝唱，唱着唱着吐血倒在台上，不久去世，年仅31岁，真可谓红颜薄命。小明星死后，由于无钱入殓，还是她的门徒李少芳等义唱筹款为其善后，"曲王"吴一啸特撰一曲《七月落薇花》悼念她，省港澳曲坛专门为她开了追悼会。

小明星去世后，"星腔"继续流芳，代代有传人，影响较大的有二代传人李少芳、三代传人黄少梅、四代传人梁玉嵘等。

李少芳（1920—1998），星腔第二代传人，广东南海人。其父是戏班乐师，母亲是失明艺人。她从小受到粤剧粤曲的熏陶。15岁从艺，有缘认识了小明星。此后数年师从小明星学艺，对星腔艺术有独到的造诣，继承和发展了星腔唱腔的歌唱方法、技巧。其演唱有"三绝"：发音准确、节奏稳健、吐字清楚。李少芳一生演唱的粤曲近百首，最有影响力的《孔雀东南飞》获中国唱片总公司粤曲金唱片奖。

黄少梅，星腔第三代传人。黄少梅生于 1931 年，广东番禺人。自幼喜爱粤曲，对星腔情有独钟，拜小明星大弟子李少芳为师，13 岁登台演出。她的演唱柔媚婉转，行腔流畅，极为抒情，一曲《子建会洛神》唱了 40 余年，成为经典，后她把星腔又传给了她的得意弟子梁玉嵘。

梁玉嵘，星腔第四代传人，1970 年出生，广东佛山人。她曾受四年系统专业培养，后师从黄少梅等老师专习粤曲星腔演唱，深得星腔的精髓，博采各家所长，形成自己的演唱风格。她的演唱声情并茂，韵味浓郁，咬字清晰利落，能准确细腻地运厅星腔去表达各种不同人物和思想感情，被誉为星腔的第四代传人。

20 世纪 50 年代，广东音乐曲艺团成立。粤曲从基本单一的站唱，发展为有弹唱、说唱、表演唱、小组唱等多种形式，培养出大批新生力量，数十年间涌现不少名家，如白燕仔、李丹红、谭佩仪等。

粤曲是广东省流传最广、影响最大的曲艺品种，凡粤方言区及有粤籍华侨聚居的世界各地，均有粤曲传唱。粤曲不仅是中国曲艺的一大曲种，还远播海外，在世界华人中具有极强的文化凝聚力。粤曲艺人经常受邀到港澳、海外演出，成为传播我国传统民间艺术的文化使者。2010 年，粤曲入选第三批国家级非物质文化遗产名录。

享誉中外——广东音乐

广东音乐也称"粤乐"，是具有浓郁岭南地方特色的民族音乐。其以明快的节奏、流畅的曲调、优美的旋律脍炙人口，享誉中外。

"据新华社维也纳 2 月 3 日电，2003 年 2 月 3 日中国农历正月初三晚，维也纳音乐金色大厅里传出了热烈、欢快的中国民族丝竹乐曲声。上海民族乐团以广东民间艺人丘鹤俦原创的广东音乐《娱乐升平》拉开维也纳'羊年春节中国民族音乐会'的序幕。"其实，早在 20 世纪二三十年代广东音乐发展的鼎盛时期，其就曾经被国人称为"国乐"且传播至海内外。如今，一些盛大国宴与外交场所及全国人大、政协等会议的背景音乐还会奏出曲调轻快喜庆的广东音乐《步步高》《娱乐升平》等。广东音乐早已是广东以至岭南地区一张独具特色的文化名片。那么，广东音乐是何时、何地、何人创造的呢？

广东音乐起源

明清时期的广东珠江三角洲一带，有些扎根于乡镇"锣鼓柜"的民间乐社，这些器乐玩家，以吹打乐为主，为迎神赛会、过年过节等喜庆活动周游四乡。随着外贸经济的发展，当时中原及欧美人士大量入粤，外省不少戏班入广州府演出，带来各地的民间器乐曲，而本土的民间音乐"木鱼歌""粤讴""南音""龙舟"等十分繁荣，一些音乐爱好者把外来乐曲与本地民歌民谣曲调结合，慢慢融合在岭南民间音乐文化的肥沃土壤中，滋养着广东音乐。经过漫长的演变，广东音乐逐渐从戏曲音乐伴奏中独立出来，开始形成特有的纯器乐化的广东传统音乐形式，使用的乐器有二弦、提琴（不是西洋提琴，是中国乐器，形制与板胡相同）、三弦、月琴、笛（或箫），俗称"五架头"。随着民间器乐演奏活动的蓬勃发展，涌现出何博众、严老烈等一批多才多艺的既是演奏家又是作曲家的代表性人物，也涌现出《赛龙夺锦》《旱天雷》《连环扣》《娱乐升平》《雨打芭蕉》《步步高》等一批具有浓郁地方色彩的创作曲目，它们以其轻、柔、华、细、浓的风格和清新流畅、悠扬动听的岭南特色备受广泛的喜爱和欢迎，标志着广东音乐作为一个乐种，已经成熟。

广东音乐特点是中西兼容，以清新明快、华美流利的旋律，表现世俗的喜怒哀乐。20世纪二三十年代，是广东音乐的鼎盛时期，那是人才辈出的年代，优秀作品不断涌现，《鸟投林》《雨打芭蕉》《赛龙夺锦》《渔歌晚唱》《旱天雷》《平湖秋月》等脍炙人口，从创作技法到演奏技法、流行曲目，逐渐向周边甚至北方地区渗透，除在广东、广西的粤语方言区外，东北、天津、西安、延安、上海等地均有广东音乐的社团组织，广东音乐的唱片和录音遍布大江南北，曾经被誉为"国乐"。美洲、澳洲、东南亚的广府华侨聚居地也有广东音乐活动。于是，"凡有华侨处，即有广东音乐知音"之说便产生了。可以说，广东音乐是中国民族乐种中流行最广、影响最大的。

"何氏三杰"与《赛龙夺锦》

说到广东音乐，必须要说到几个名曲，说起几个名家，广东音乐的"何氏三杰"是杰出代表。何谓"何氏三杰"，即何柳堂、何与年和何少霞。

"何氏三杰"都是广州番禺区沙湾镇人。早在清末，何柳堂的爷爷何博众就是广东音乐的代表人物。何博众一生创作和整理的粤乐甚多，大家最熟悉的那首《赛龙夺锦》，原名《龙舟竞渡》，就是他为端午节民间龙舟竞渡而谱曲的。到孙儿何柳堂这一辈，更是将广东音乐发展到一个高峰。何柳堂从祖父何博众的口授中传承了那首《龙舟竞渡》，第一次用乐谱记下来，反复琢磨并加以整理改编，后在沙湾演奏多次。修改第二稿时，何柳堂找来失明乐人陈鉴（盲鉴）进行研究和修改，做了节奏处理，其曲改名为《龙舟攘渡》。第三稿，何柳堂与何与年、何少霞一起研究、推敲，

上 赛龙舟

加上装饰音，并把题目改作《赛龙夺锦》。第四稿，何柳堂再找上述音乐人反复雕琢，集思广益，写成第四稿的《赛龙夺锦》。

呈现在众人面前的广东音乐《赛龙夺锦》，将赛龙舟时你追我赶、百舸争流的场面做了极形象的音乐描述，在明快的节奏和鲜明的音乐形象中，人们可以嗅到浓郁热烈的气氛，听到振奋的龙舟鼓点，感受到赛龙舟时人们同心协力、奋发向前的中华民族精神。"赛"和"夺"是整首曲的灵魂，一开始就以高亢雄壮的唢呐为引子"21356……26435，3535，3562357……"形象鲜明地表现了广府龙舟竞赛这一特色，既有急促而有节奏的鼓点，也有江河上摇桨翻飞、水花四溅的龙舟竞赛场面，随着竞赛的加剧展开，乐章在重叠升级，参赛健儿在水中逐浪，不断加油……乐章继续伸延，几个排比乐句，把水上竞赛的奋勇、进取、你追我赶和岸上喝彩、鼓劲、喧哗震天的场面尽情渲染。

进入决赛，急促有力的乐句把竞赛推上高潮，节奏越来越紧凑，赛龙的桡手鼓起全身劲——终于夺冠。太完美了！这首广东音乐《赛龙夺锦》成为经典名曲，走向五洲四海。

当人们从广东音乐博物馆中那发黄的玉扣纸上，看到四易其稿的《赛龙夺锦》，从中感受到何博众、何柳堂、何与年、何少霞等广东音乐先辈的生活态度和文化精神，只有历经几代人的努力，才创造出如此灿烂夺目的艺术明珠！

对广东音乐的创造居功至伟的还有何柳堂的弟子丘鹤俦（1880—1942），前文说到的经典名曲《娱乐升平》就是他创作的。他精通多种乐器演奏，尤擅二弦、扬琴。他整理与丰富了不少乐谱，于1917年至1934年间先后出版《弦歌必读》、《琴学新编》（一、二集）、《琴学精华》、《琴弦乐谱》、《国乐新编》等乐书。

"四大天王"与名曲

"四大天王"是吕文成、尹自重、何大傻和何浪萍。20世纪20—40年代，广东音乐人有60多人，创作乐曲有500多首。名声最大的演奏名家被誉为广东音乐"四大天王"。

这里着重介绍吕文成（1898—1981）。他是中山人，自幼有音乐天分，十三四岁在上海读书时开始玩音乐，后迷上广东音乐、粤曲。吕文成一生创作发表的广东音乐作品有一百多首，其中《平湖秋月》《步步高》《醒狮》《蝶

恋花》《青梅竹马》《蕉石鸣琴》等广为流传。其作品不仅具有浓郁、传统的广东音乐风格，又吸收了西洋音乐的优点，曲调优美流畅，节奏生动活泼，令人耳目一新。吕文成还是一位技艺高超的演奏家，他善于借鉴吸收各种民族音乐的技巧，将它们融入广东音乐中。他的不少作品都是自己演奏并灌制唱片。他还改良了扬琴，使广东音乐演奏更易于融会中西。那时，广东音乐的乐器组合逐渐从"硬弓"改为"软弓"组合：以粤胡、扬琴、琵琶或秦琴这"三架头"为主。以后，演奏家陆续加进了小提琴、萨克斯管（色士风）等西乐演奏广东音乐，方便中西合璧演奏。

广东音乐是一种标题音乐，结构上以简驭繁，表现手法丰富多变，如写景、抒情、状物，因而地方色彩浓郁，有特殊的艺术魅力。广东音乐擅长对生活小景和自然景物的描摹，对传统的生活情趣无不流露着关注，如《雨打芭蕉》以流畅明快的旋律，表现了南国水乡生活的愉悦。曲调运用顿音、加花等技巧，描写打在芭蕉上淅沥的雨声、芭蕉在雨中婆娑摇曳的形态以及人们旱热逢雨的欢乐。此乐谱初见于1917年丘鹤俦编著的《弦歌必读》，有学者认为此书由何柳堂或何博众所作。还有一首《饿马摇铃》为何柳堂传谱，原以琵琶为主奏乐器，后改弦乐主奏。乐曲以不稳定的节奏和采用顿音等多变的音型，突出运用7（音si）、4（音fa）两音级，惟妙惟肖地展现了饿马摇铃的形象。《平湖秋月》是吕文成的代表作，他曾于金秋时节畅游杭州，触景生情，创作该曲。曲中表现了作者对西湖秀丽景色的感受，曲调既采用了江南的民间音乐，又有广东音乐的风格，它是中国器乐作品中最出色的旋律之一。

中华人民共和国成立后，广东涌现出新一代演奏家与作曲家，如刘天一、余其伟、甘尚时、汤凯旋、卜灿荣等。

1959年5月，广东组建一个25人的广东民间音乐团，跟随周恩来赴苏联和匈牙利作访问演出，为时两个月，访问了15个城市，演出的节目有《娱乐升平》《柳浪闻莺》《孔雀开屏》《雨打芭蕉》《鸟投林》《饿马摇铃》《渔樵问答》《赛龙夺锦》《鱼游春水》《抛网捕鲆》《粉蝶采花》《昭君出塞》等。不仅场上反应热烈，当地的报刊也发表30多篇文章，大加赞扬。当时的评价有"古老的乐器和美妙的歌声里，灌注着伟大的内容，这是富有诗意的美丽的多彩的艺术"；又有"乐器的鲜明音色和演员的美妙腔调，向观众传达出体现在音乐里的人们的激情和百花盛开的自然景色""美妙的广东音乐曲调，歌颂了南国风光的瑰丽，表达人民对幸福生活的向往"；等等。

如今，广东音乐出访五洲进行文化交流是常事，广东音乐因其音色清脆明亮、曲调流畅优美、节奏清晰明快，被国外音乐界誉为"透明音乐"，其在国内外的影响力远远超过我国其他民间音乐。

广州市番禺区的沙湾镇被誉为"广东音乐之乡"，如今，"何氏三杰"故居"三稔堂"已重修一新，改为了"广东音乐博物馆"。

比兴见长——客家山歌

　　客家山歌是中国民歌体裁中山歌类的一种，流行于广东的梅县、兴宁、五华、紫金等客家人聚居的地方，用客家方言演唱，故称"客家山歌"。

↳ 客家围屋

　　客家山歌，顾名思义，是用客家方言吟唱的山歌，它继承了《诗经》的传统风格，受到唐诗律绝和竹枝词的重大影响，又吸取了南方各地民歌的优秀成分，千百年来，广泛流传，久唱不衰。

客家山歌的起源及形成

　　据史料记载，唐代始有山歌之称，而梅州民间流传的"歌仙"刘三妹的故事也发生在唐代神龙年间（705—707）。客家山歌深受《诗经·国风》的影响，随着客家人的迁徙，受畲族、瑶族等本土居民的歌谣的影响，客家民系的逐渐形成，本土歌谣变成用客家方言演唱的民歌，即客家山歌。

　　客家人能歌。客家山歌可谓客家人的口头文学，它富有客家人的语言特色，乡土生活气息浓郁，是民歌中独立的一支。以往，在广东以至全国客家人聚居的地区，无论是在太阳升起的早晨或在月凉如水的夜晚，无论是在劳作还是在旅途，无论是在山上或在田间，都可以听到有人唱山歌。可以说，凡是有客家人的地方，就有客家山歌。为什么呢？大约有以下几种原因：

　　第一，客家人多分布于山区地带，日常生活与"山"有关。客家人简朴耐劳，为了建设家园，为了生存，女子与男子共同作业于田野山岭之间，没有传统的"男子主外，女子主内"的严格区分。在长期的山间工作中，男女互诉

衷曲是人之常情，而山歌是有音韵的言辞，比一般语言更能表达情意。

第二，客家人因居住在山区地带，生活和工作较为辛劳，因而通过唱歌来宣泄自己的感情。

☝ 客家人山歌表演

第三，旧时没有其他娱乐，平时抑制的情感不能获得适当的宣泄，而唱山歌正是一种大众化的娱乐，所以一般男女对它有着共同的喜爱。

第四，在客家社会里，旧礼教束缚很严，平常在家庭中或乡村里，男女之间要保持严格的界限，除了夫妇关系外，男女间的社交活动是非常稀少的。由于在家里拘束过严，所以到了山间就好像精神得到了解放，自然地唱起山歌来。

讲究"赋、比、兴"

客家山歌继承了《诗经·国风》的风格，主要运用"赋、比、兴"的传统手法，又常用双关、重叠等手法。客家山歌的语言朴素生动，歌词韵脚齐整。客家山歌基本是四句七字体，每首山歌的第一、第二、第四句押韵；每句为"2、2、3"的组合。词曲不固定，一般都是即兴编唱。唱时往往触景生情，即席歌唱，随口而出，还可以一曲多词，反复演唱。大致有山歌号子、正板山歌、四句八节山歌、快板山歌、叠字山歌、五句板山歌等。客家山歌旋律优美，众多曲调中都有颤音、滑音、倚音等装饰音，因而旋律高亢、嘹亮、抒情悠扬，回环曲折。客家山歌唱腔有一百多种，按地域可分为松口山歌、梅县山歌、兴宁罗岗山歌、蕉岭长潭山歌、大埔西河山歌等。

客家山歌歌词意境含蓄，善用比兴手法，尤以双关见长，语言生动通俗，押韵上口，如"郎有心来妹有心，铁杵磨成绣花针；郎系针来妹系线，针行三步线来寻"。这首山歌把男女不分离的恋情比作始终不曾分离过的针和线，通俗易懂，形象可见，情真意切，生动传神。又如"橄榄好食核唔圆，相思唔敢乱开言；哑子食着单只筷，心想成双口难言"。这首山歌利用形象生动的比喻，并带双关，用于抒发相思之情，诉说倾慕对方想与之结成夫妻但又难于开口的心情，委婉含蓄，耐人寻味。

客家山歌有较强的艺术想象力，如"新打戒指九连环，一个连环交九年；九九还归八十一，还爱相交十九年"。客家山歌中万事万物都是有感情、有生命的，戒指本来是没有感情的饰物，但它一般又多作"定情信物"，因此，歌中的戒指便成了爱情的见证，传达了男女同结百年之好的炽热恋情。

客家山歌形式多样，内容丰富，除情歌之外，尚有劳动歌、劝世歌、行业歌、逞歌、虚玄歌、拉翻歌、谜语歌和猜调、小调、竹板调等，主要反映了客家人对真善美的追求，对假丑恶的摒弃，如表示对爱情炽热追求的"入山

看见藤缠树，出山看见树缠藤；树死藤生缠到死，藤死树生死也缠"。以山上藤树相缠、死不分离的具体形象，比喻一对恋人对爱情忠贞不渝、生死相恋的情怀和坚强意志。歌中不仅描绘了一幅栩栩如生的形象画面，而且寓情于景、借景传情，形成了情景交融、清新优美的意境。

客家山歌传承人

"松口行下系塔下，塔下对面大宫下，葛藤来缠桂花树，生死爱缠这树花。"委婉动人的曲调，抒情悠扬的旋律，再加一副圆润的"金嗓子"，让卢月英的客家山歌在青山绿水之间散发出与众不同的魅力。广东省非物质文化遗产项目（松口）客家山歌代表性传承人卢月英现已年过古稀，但唱起客家山歌的松口腔来依然精神抖擞、神采奕奕。

卢月英本不是梅县松口镇人，21 岁时跟随丈夫到松口镇居住。一天早上，卢月英带着女儿去当地的中山公园散步，一种"音随字转，字正腔圆"的歌声一下子将她吸引住了。当了解到这就是远近闻名的原汁原味的松口客家山歌时，卢月英的血液沸腾了。她将女儿放在一边玩耍，自己则找了一个位置坐下，聚精会神地听老人们唱山歌。松口客家山歌与她以前听过的大埔客家山歌语言不同，音符、起板也有差异。为了记住这些差别，卢月英不时拿笔在纸上记录着，回到家再仔细揣摩其中的奥妙，第二天又跑到公园里，将自己自学的歌曲唱给那些唱山歌的前辈们听，让他们指出自己的不足。就这样，她凭着对山歌的执着与热情，日复一日地自学，不久后居然唱出了让人惊叹的纯正的松口山歌。

有一天，卢月英和丈夫到一位朋友家吃饭。那个朋友也是山歌迷，便请她唱一段。盛情难却，卢月英即兴来了一段。朋友听后啧啧赞叹："太好听了，你的声音简直就是为山歌而生的。"

时年 36 岁的卢月英成为当地小有名气的山歌歌手，她对松口客家山歌有特别的研究，尤其是对山歌的韵脚、语调技巧研究很深。她已经熟练地掌握了松口山歌的规律，不但可以随口即兴发挥，而且能较长时间地与人对唱。她那行腔如串珠，绕绕韧韧，委婉圆润，成了当地优秀的女山歌歌手。

光阴如梭，一眨眼几十年过去了，松口山歌遇上了前所未有的窘境。以前松口镇人人会唱山歌，个个能对山歌，后来除了六七十岁的老人会哼几句外，一般人，尤其是年轻人大都不会唱了。为了改变这种现状，2000 年，卢月英与其他志同道合的山歌爱好者自发成立了一个以传承和发扬优秀传统文化为宗旨的"松口山歌联谊会"（2004 年更名为"梅县松口山歌协会"），经常组织山歌歌手们自费到松口的中小学宣传和教唱山歌。

"到学校教学不是件容易的事。没有车辆，就自己骑摩托车去；经费不足，就自己找赞助，有时候带病工作也是难免的。虽然辛苦，但看到在我们的努力宣传下，有更多的孩子喜欢松口山歌，唱松口山歌，我就觉得是值得的。"

梅州客家山歌国家级代表性传承人为小学员颁发结业证书

卢月英这样说。

在卢月英等一群山歌爱好者的努力下，有不少年轻人也爱上了自己家乡的山歌。松口古镇上空经常飘荡着客家山歌，卢月英的脸上溢满幸福的表情。是啊，松口山歌终于后继有人，没有什么比这更让她感到欣慰了。

客家山歌有"九腔十八调"，"九腔"指的是各地客家人因各地乡音的不同导致唱腔的差异，九腔包括海陆腔、四县腔、饶平腔、陆丰腔、梅县腔、松口腔、广东腔、广南腔、广西腔。"十八调"指的是歌谣中的十八种调子，包括平板调、山歌仔调、老山歌调（又作"南风调"）、思恋歌调、病子歌调、十八摸歌调、剪剪花调（又作"十二月古人调"）、初一朝调、桃花开调、上山采茶调、瓜子仁调、闹五更调、送金钗调、打海棠调、苦力娘调、洗手巾调、卖酒调（又作"粜酒调"）、桃花过渡调（又作"撑船歌调"）、绣香包调等。

城市与村落都离不开丰富的民间艺术滋养，岭南人的创新立足于五千年的文化传承，民间艺术的绚丽芳华以粤地的大俗作为支撑。请看看这些在岭南各大民俗节庆中，演绎得最为明丽新奇、善变多姿的舞狮、舞龙、舞麒麟、飘色等，从中不仅能感受到其绚丽的色彩，还能触摸到文化之根脉及民俗之传承。

粤俗展芳华

狮舞扬威——南派醒狮

　　舞狮在广东，是最为普及的一项传统群众艺术活动，凡是喜庆典礼，必敲起锣鼓舞起狮头。一般四个人舞上两头狮，再加上敲锣打鼓打钹的七八人，就可以舞得风风光光。几个小时的表演，既有传统的南狮舞，还有惊险的过梅花桩，两个小伙子舞着一头威武雄壮的醒狮，在21支梅花桩上凌空腾跃，时而跃上近3米高的桩登高远望，时而在1.5米的桩下俯身探月，精彩而扣人心弦，直到探身采下象征着如愿吉祥的一棵生菜，才用凯旋般的姿势向大家答谢。

▲ 醒狮表演

狮子舞源头及派系

有关狮子舞的记载，最早见于《汉书·礼乐志》，其中提到"象人"，根据三国时魏国人孟康的解释，"象人"就是扮演鱼、虾、狮子的艺人。由此可见，三国时已有狮子舞了。南北朝时，民间流行狮子舞。到了唐朝，狮子舞已发展为上百人集体表演的大型歌舞，并进入宫廷表演，称为"太平乐"，又叫"五方狮子舞"。唐代以后，狮子舞在民间广为流传。关于狮子何时引入中国，一说狮子是与佛教同时从西域传入中国的，佛经上记载文殊菩萨的坐骑是狮子；另有一说法，在东汉章帝在位（75—88）时，大月氏（今阿富汗）、安息国（今伊朗）每年都派使者送狮子给汉朝。

不管怎么说，千百年来，舞狮子成了中国人一项流行的民间艺术活动，即便是扎根海外的华人，每到喜庆或开张吉祥之日，舞狮也是断不能少的一件大事。近年，随着中国经济的腾飞，海外华人为祖国强盛而自豪，举办一些国际舞狮大赛，特邀请祖国乡亲的狮队前往，以狮艺会友，欢庆同贺。

中国的舞狮，就类型而言分为南狮舞和北狮舞两大类，狮子的造型也因之而南北各异，舞法也分南派与北派。从外表看，北方的狮子四脚着地，像真狮一样；而南派醒狮重在狮头，舞狮人两脚着地，举着狮头起舞，南狮造型夸张浪漫，威武雄壮，狮型头上有角。

南派舞狮也叫南派醒狮，是一种融武术、舞蹈、技巧和音乐于一体的综合性民间艺术，以外形亮丽、舞法变化多端著名。

有关南派醒狮的起源，佛山民间有一传说：曾有一只独角怪兽到处残害人畜，为了驱除它，人们用竹篾扎

⤷ 南狮

成怪兽的样子，涂上斑驳颜色，当怪兽出现时，金鼓齐鸣，人们举着竹篾扎的怪兽一齐冲去，将怪兽吓跑。此后，为纪念这一驱邪镇妖的胜利，每逢佳庆，民间就舞起这种独特造型的"狮子"志贺。

广东的舞狮俗称"舞醒狮"，醒狮突出一个"醒"字，狮头的着色和描绘图案十分讲究，在色彩方面注重强烈对比，追求富丽堂皇，如黑白相间、红绿相配，使狮头显得鲜艳醒目，并可根据各地民间喜爱的形状或历史人物传说进行设计。"南狮"以佛山南海醒狮为代表，它额高而窄，眼大而能转动，口阔、背宽、鼻塌、面颊饱满，牙齿能隐能露。

南狮分文狮、武狮和少狮三大类。

文狮，以刘备、关公作脸谱，又叫"刘备狮"，是高额、大口、白须的七彩狮，气宇轩昂、色泽艳丽、左右对称；武狮，以张飞作脸谱，也叫"张飞狮"，一般是黑红和黑

白狮，其青鼻、铁角、牙刷须显得咄咄逼人、凶猛好斗。
文狮表现温驯而和善，武狮表现勇猛而刚烈；少狮即幼狮，
憨态可爱，一般跟随文、武狮同场表演。狮头上的装饰物
同样寓意深远，狮头上大小绒球是用兔毛做的，静止时看
上去都富有动感，舞起来则颤动摇摆，令人喜爱。额头上
有面圆镜，叫作"额头镜"，它周围的彩色绒球，象征佛
光普照，天下太平。

舞醒狮的传统套路

舞醒狮用滚、爬、跃、跳等动作表现狮子的威、勇、
猛，舞法可略分为传统地面狮及特技狮两大部分。有三大
传统动作即高狮、平狮、抛狮（鼓谱曰：高星、三星、七星）
的套路。

广东醒狮与传统的南狮技艺一样，有出洞、上山、巡
山会狮、采青、入洞等，尤以"采青"动作难度较高。采
青有采高青、地青、水青、蟹青、凳青和桥青等。其中采
高青又名"企膊"（站在肩膀上），后来发展到在 2 米多
高的梅花桩上一边跳跃，一边舞耍动作，直至将挂在桩上
的"青"采下来才算"采青"动作完成。所采的"青"是
一棵带头的生菜，菜中还扎有利是和香烟之类。舞者采到
"青"（必须顺利地一次采到）以后，"狮子"要将"青""吃"
下，然后再把"青""吐"出来抛给主人，主人接"青"
以后，表示接到福，就要打赏。

🦊 高桩狮

　　舞狮者常说，鼓声是舞狮当中的灵魂。舞狮要舞得好，很重要的一点就在于鼓、锣、钹的配合。舞狮的快、慢、轻、重及表情都需要鼓、锣、钹的配合。尤其是鼓，若没有鼓声，舞狮的表演便毫无气氛及意境。因此，击鼓者是整个舞狮表演中的指挥家，掌握全场节奏的快慢及气氛的强弱，狮子舞什么动作，就打什么鼓音；相对地，狮子听到什么样的鼓音，就舞什么样的动作。民间有言"生锣死鼓病坏钹（锣）"，意思是说舞狮的鼓点节奏是固定的，锣既要跟着鼓点也可以根据不同情况灵活演奏，钹（锣）只要跟着鼓点就行。

南狮技艺有传人

说起南派醒狮，人们就会说起一个名字——黄飞鸿。祖籍今广东省佛山市南海区西樵岭西禄舟村的黄飞鸿1847年出生于一个贫穷的练武人之家，父亲黄麒英是晚清期间号称"广东十虎"的武林高手之一。小黄飞鸿心目中的英雄是父亲，父亲的拳脚功夫、刀枪棒法无人能及，黄飞鸿一心想成为父亲那样的人，闯荡江湖，打平天下。12岁的黄飞鸿跟随父亲来往于佛山、广州及四乡卖武，黄飞鸿不仅学武的领悟能力强，还能够融会贯通，把各种招式的优点结合起来。值得称道的是，黄飞鸿不但武艺高强，他的舞狮技术也是一流，有"狮王"之称。他的狮艺以"狮子出洞""狮子上楼台"等著称，尤以舞狮"飞砣采高青"为一绝，即在舞狮时，从狮口中掷出飞砣采四层楼高的"青"，这在当时的广东舞狮界独树一帜。此外，黄飞鸿还开创了女子舞狮的先河，他的妻子莫桂兰，以及他的另一名女弟子，都尽得黄飞鸿狮艺和武艺的真传。

说起当代舞狮人，广州工人醒狮协会的领头人赵继红（又名"沙捞珠"）可谓远近闻名。他从小痴迷舞狮，师从舞狮高手、鼎鼎有名的黎老兆先生学习舞狮，对狮艺、击鼓、敲锣、打钹等样样精通。沙捞珠在舞狮场上滚、爬、跃、跳了几十年，将南狮三大传统动作的高狮、平狮、抛狮的套路练得炉火纯青。用"南狮王"称呼沙捞珠一点也不为过，历经三十多年的舞狮生涯，他的足迹几乎遍布

海内外有华人的地方，他和他的广州工人醒狮协会多次参加重大庆典活动，不但获得优秀成绩，并为提高南派狮艺水平，制订了一套竞赛规例。他与一班狮友十易其稿，于1986年11月正式制订我国第一本《醒狮竞赛规则》（试行本），为推动全省舞狮运动发挥了历史作用。

在乡村地区，要数番禺沙湾镇沙坑村醒狮团团长周镇隆最威风，他不但带着沙坑醒狮队扬威海内外，而且将醒狮民间艺术打造为文化产业。1998年，番禺沙坑村醒狮队走进了国际大都市巴黎，参加法国巴黎国际雄狮争霸赛，勇获冠军。从此，番禺沙坑村醒狮队获得国际、国家级、地区级的醒狮大赛各项奖牌无数。周镇隆为发展醒狮事业，不断学习进取，59岁时考上了国际醒狮裁判员，在村里建立了标准体育馆；举办一年一届的"醒狮生菜会"，广邀四方朋友切磋技艺；吸引游客前来参观……从培训、演出、比赛到旅游，创造了一条醒狮文化产业链。2008 年，番禺沙坑醒狮团的狮子舞《英雄刘关张》获文化部颁发的全国广场舞蹈"群星奖"，同年获得"广州文艺奖"文化精品奖。

从黄飞鸿起倡导的南狮狮艺，舞出了中华民族气节，体现一种开拓、团结、不畏艰险的民族豪气。具有一千多年历史的南派醒狮，作为一种吉祥纳福的象征为人们驱邪禳灾，经常风光地走出国门，在新时代焕发出绚丽的光彩，让世界人民对这一传统民间艺术刮目相看。

海内外对南派舞狮的认识大多来自黄飞鸿，主要源自其惊天地泣鬼神的豪情侠义传奇被拍成百余部影视作品在海内外强势传播，又以一曲荡气回肠的《男儿当自强》为众人铭记于心，"傲气傲笑万重浪，热血热胜红日光，胆似铁打骨似精钢，胸襟百千丈，眼光万里长，誓奋发自强，做好汉……"成为近当代中国男儿的强音。"黄飞鸿杯"狮王争霸赛在广东佛山南海西樵山已连续举办多届，已成为世界上档次最高、规模最大、吸引观众最多的顶尖舞狮赛事。

迎祥纳福——舞麒麟

　　麒麟是我国民间传说中的神兽，早在两千多年前的周代就与龙、凤、龟并称"四灵"，且列"四灵"之首，是太平、吉祥的象征。既具有美学的欣赏价值，又有文艺、宗教、民俗、历史研究价值。

🦚舞麒麟

追根溯源舞麒麟

麒麟是古代传说中的一种神兽，似鹿非鹿、似牛非牛，头顶生角，遍体鳞甲，尾端毛长，形状奇异，在民间有驱邪避鬼之说，历代人民群众都把它当作祥瑞的象征。

在有关麒麟信仰的众多传说中，最为神奇的莫过于麒麟送子的故事。传说中的主人公，是中国文化史上赫赫有名的大圣人孔子。传说孔子诞生的前夜，他的母亲在睡梦中见到风云涌动，电闪雷鸣，一只有着龙头、鹿角、狮身、羊蹄、牛尾、全身鳞光闪闪的灵兽，在团团烈焰的烘托下，伸着长舌，从天上飞腾

⬆ 麒麟头

而至。随后灵兽口中吐出一册玉书，玉书附着在孔母的身上。第二天，当孔母从梦中惊醒的时候，东方早已是霞光万道，祥云漫天：一代圣人孔子就这样降临人间。因为这个传说，孔子被视为麒麟的化身，他的传世经典《春秋》则被膜拜为麒麟口吐之玉书。

麒麟作为吉祥的象征被中国人广为接纳，人们认为它是能够给人带来子嗣的灵兽。民间常用"麒麟儿""麟儿"的美称称赞孩子。南北朝时，对自家聪颖可爱的男孩，人

们常呼为"吾家麒麟"。

麒麟的形象从最早的图腾、信仰,进入了文学艺术领域,有韩愈写《获麟解》、黄庭坚著《麟趾赞》等。老百姓的真心喜爱和文人雅士的推崇,使麒麟最终走向造型艺术和表演艺术,陶瓷、年画、剪纸、泥塑、刺绣……许多地方都可看到麒麟活灵活现的身影,而麒麟舞则是麒麟文化发展的产物。

麒麟舞最初的发祥地是中原地区。广东舞麒麟的地方都有文献记载称这里的先民来自中原。据黄阁地方文献记载,宋咸淳九年(1273)三月十六日,南雄府始兴县十四都牛田坊珠玑巷麦必荣、麦必秀、麦必达、麦必端、麦必雄五兄弟携家眷两百余人,南迁至珠江口,因为遭遇狂风大浪,登岸定居,住在麦屋山。后来,五兄弟及其后人散居至海南、广州、湛江、东莞、中山、佛山的南海和顺德等地。

麒麟舞也称为"武"麒麟,它不同于舞狮,也异于舞龙,其造型为龙头、鹿角、狮身、羊蹄、牛尾,舞动时,一人舞麒麟头,一人舞麒麟尾,两人配合默契,以此把传说中麒麟的喜、怒、哀、乐、惊、疑、醉、睡等动静神态表现得栩栩如生。麒麟队往往也是武术队,舞麒麟者大都身怀武功,而且麒麟套路本身就和武功套路一脉相承。逢年过节人们舞起麒麟,以迎祥纳福,祈求风调雨顺、国泰民安。

黄阁麒麟舞

广州市南沙区的黄阁镇面对狮子洋，是远近闻名的"麒麟之乡"，黄阁镇政府大楼的北侧耸立着一块麒麟石。有关麒麟的传说有多种，一说龙生九子不成龙，长子为麟，所以民间麒麟舞以麒麟头为龙头。麒麟是比威武的醒狮更为尊贵的神灵，民间艺术中有狮子向麒麟行礼鞠躬、让路恭候、迎送麒麟的习俗。在黄阁镇，很多地方都能看到麒麟的标志，政府大楼前的麒麟门神，镇内新建的麒麟广场和麒麟路等，可见黄阁镇人对麒麟之尊崇及与其渊源之深。而真正将麒麟与这块土地紧密相连起来的，不仅仅只是门神、传说，抑或麒麟岗上的麒麟石，还有在这块土地上世代相传、经百余年历史风雨而不衰的麒麟舞。

清嘉庆年间，麒麟舞从东莞传入黄阁，很快就在各村兴盛起来。

黄阁镇13个村和1个居委会都有各自的麒麟社和麒麟队，队员最大的七八十岁，最小的才六七岁。每到周末晚上，人们前来练习麒麟舞。两个小时下来，人人挥汗如雨，却觉得是一种享受。在村民看来，舞麒麟是强身健体的活动，对孩子的健康成长十分有益，故当家长的都希望孩子学一学麒麟舞。孩子们也觉得舞麒麟不但威风而且有趣。他们不到十岁就加入舞麒麟的行列，一个个学扎马步学出拳，举着三四公斤的道具一练就是一两个小时，累出一身汗也不叫苦。

　　黄阁的大井村、大塘村的麒麟舞如今越舞越好，村民们说起自己的麒麟队，脸上一副骄傲的神情，连说几个"好"：群众基础好，练习场所好，家当齐全好，村委支持好。大井村的村民以张姓为主。大塘村的村民以李姓为主，当地的麒麟舞也是由李氏家族代代相传，至今已传了五代。最初的创始人是李奉和、李可清叔侄俩，后来又有一个从东莞来的武功高手，为当地麒麟舞的创作与发展起了非常重要的推动作用。两村村民们自豪地说，他们村就是卖谷卖衣也要舞麒麟。

　　麒麟舞是黄阁镇村民自娱自乐的民间舞蹈，每逢佳节喜庆，神诞醮会，秋色出游，农民就舞起麒麟以表达迎祥纳福，祈求风调雨顺、国泰民安，故民间有"麒麟献瑞"一说。2000年一个炎热的晚上，时任广东省民间文艺家协会专职副主席的罗学光来到了舞麒麟的村民当中。他灵动的眼睛一直在那像狮不是狮，像龙不是龙，略带仁慈和温顺的麒麟身上上下探索，心里产生一个设想：在比较原始、简单的麒麟舞的基础上，能否整理提高，将其打造成为广东省民间艺术的品牌？

　　于是，罗学光、杨明敬、陈葆坤等艺术家多次前往黄阁，参与麒麟舞的改编和创新。杨明敬是个经验丰富的舞蹈编导，为广东省广州市歌舞团编导过多部大型舞剧，他深入乡镇，对舞麒麟的原始动作、民间风格做了详细调查，用心领悟，对麒麟舞的造型、舞蹈技艺、音乐伴奏、锣鼓等重新设计，在传统的艺术基础上进行创新。经过创新的

⬇ 黄阁镇春节时的舞麒麟活动

麒麟舞在造型上除了保留其龙头、鹿角、狮身、羊蹄、牛尾的传统灵兽形象外，更加突出了生动传神、色彩丰富、造型有气势的特色。舞蹈编排上，原来只有两只麒麟起舞，一头一尾演绎出麒麟出洞、绕头、甩尾、寻青、踢青、醉青、打沙、吐玉书、游花园、回洞的套路及过程，现安排八只麒麟同时起舞，其中两只大麒麟领舞，六只小麒麟作为群舞，大小配合，互相呼应。

整个舞蹈也做了重新编排，起舞时一名身穿武士服饰的武师，穿行跳跃于麒麟之间，将"青"系于长棍末端，威风地展示"打长棍"的套路，引导麒麟采"青"，有如舞龙中的擎珠者烘托其中；舞终时，武士将麒麟所吐的玉书（条幅）高悬在长棍的顶端，昂首高擎引领大小麒麟向

观众谢礼。整个演出一气呵成，表演时间由原来的半小时压缩成 9 分半。

经过改革、整合和创新，黄阁麒麟舞于 2000 年 11 月 9 日，赴杭州参加由中国文联、中国民间文艺家协会、杭州市人民政府联合举办的"山花奖"首届全国民间广场歌舞大赛，以总分第一的成绩获得全国民间文艺"山花奖"。2001 年 10 月，黄阁镇被文化部和中国文联授予"中国民间艺术——麒麟之乡"和"中国民间文艺麒麟舞培训基地"。

客家麒麟舞

位于广东省东莞市南部的清溪镇和樟木头镇是客家人聚居的地方，客家人大多由中原一带南迁而来，风景秀美的清溪山水孕育了丰富的客家文化，客家人视麒麟为吉祥物，在客家传说中凡麒麟踩过的地方，就会给那里的人们带来幸运，故有"麒麟吉祥"之说。客家舞麒麟还源于一个"麒麟吐玉书，黄河清三日"的美丽传说。据传，孔子从麒麟口中得一册玉书，勤思苦读，终成才

🔹 麒麟的身很长

高八斗，学富五车之圣人，并设帐授徒，教化子民，使优秀文化得以延续。于是一向重视教育、崇尚文化的客家先辈就把麒麟作为传播文明的圣物而加以崇拜。所不同的是，客家麒麟身上披五彩鳞甲，身长一丈二（3米多），俗称"长身麒麟"，这与黄阁镇的短身麒麟不同。

麒麟舞作为清溪镇和樟木头镇传统民间艺术形式，相传已有三百多年的历史。清溪镇和樟木头镇等的客家舞麒麟集中在春节前十天，在此之前要举行开光仪式。开光仪式一般在半夜举行，去时要停锣息鼓，采青后回来则开始鸣锣打鼓。开光的翌日，则设开光酒宴，邀请出嫁女、乡中同姓人和亲属参加。正月初一，全部集中在圩镇开锣，由各队表演舞麒麟套路和武术，武术按单拳、双拳、单刀、长、短棍、藤牌的顺序进行表演。开锣前，由一人持红木盒带领麒麟队逐户参拜，并派柬帖，集中活动后，再逐户参拜，收取红包。这种活动一般要持续到正月十五。清溪镇和樟木头镇的麒麟舞能够声名远播，还得益于各个麒麟世家的执着和精湛的艺术造诣。其中，大利村黄素明一家六代制作的麒麟头远销海内外，铁松村黄鹤林一家四代传承的麒麟武艺名传四方。清溪麒麟艺人所扎的麒麟头以竹艺精、画艺精、形态逼真、色彩鲜艳赢得了良好的声誉。

客家人把舞麒麟看作是增添喜气的事，把会扎麒麟、会舞麒麟的民间艺人尊为师傅。因此，不少人都乐意让孩子在业余时间去学习麒麟舞。在清溪镇的乡村，80%以上的孩子都对舞麒麟有兴趣。每逢节庆喜日，麒麟舞表演队

伍中都不乏童子军，大的十多岁，小的才四五岁，翻滚腾跃，灵活自如，煞是可爱。有的还一直将这一爱好保持下来，直到中学、大学。甚至参加工作以后，每当有大型比赛或表演活动，接到通知，他们便会从四面八方赶回家乡投入表演。

在广东民间艺术的百花园里，麒麟舞堪称一朵耀眼的奇葩，经代代相传的继承与发展，形成了以广州南沙为代表的黄阁麒麟舞，以惠州小金口为代表的东江麒麟舞、以东莞樟木头镇和清溪镇为代表的客家麒麟舞等，全省各地麒麟舞各具特色，麒麟舞之花越开越艳，声名也越传越远。

广东还有不少地方盛行麒麟舞，如中山麒麟舞、佛山麒麟舞、电白麒麟舞等。有意思的是，浙江杭州成立了女子麒麟舞队，该舞队就是请的广州市南沙区黄阁镇舞麒麟的师傅们。

凌空造艺——沙湾飘色

　　"沙湾飘色"是糅合了戏剧、杂技、装饰工艺的一项传统民间艺术活动。"飘"是动词，也是形容词，点明了这种民间艺术的特色"凌空而立"；"色"是名词，是景，是指这种特有的艺术形式，即用一条经过精心锻造的钢枝（色梗），支撑下面坐立的人物造型和上面凌空而起的人物造型，称为"飘色"。

● 沙湾飘色

设计奇妙夺天工

　　沙湾镇是广州市番禺区的一个文化古镇。广东音乐家"何氏三杰"就源自沙湾。在每年农历三月初三北帝诞期间，小孩被打扮成戏剧人物，凌空而起，进行巡游，寄予迎神纳福之意。巡游时的飘色表演叫"出色"，观赏飘色表演叫"睇色"（睇，粤语，意为看）。

　　"出色"时一般有近二十板色，每一板色都以一个150厘米长，77厘米宽，64厘米高的色柜为小舞台，分上下两部分。下部台面上坐立的人物造型称为"屏"，"屏"的扮演者多是七八岁的孩子；上面凌空而起的人物造型称为"飘"，"飘"的扮演者为1~3岁的小孩；扮演这些人物造型的行为即为"扮色"。旧时习俗认为，扮过色的儿童能"快点长大，聪明伶俐"，故父母乐于让孩子参与。屏和飘都配置在一个板台上，靠一条纤幼的色梗巧妙地支撑起来，组成一幅亮丽的画面，表现某一戏剧的片段。飘色只有造型亮相，并没有歌舞，游行时由人抬着，举着五彩缤纷的头牌、色标、罗伞，徐徐行进，还配以八音锣鼓柜，吹吹打打，数十板色组成一支长长的队伍，出色表演时一般以鳌鱼舞开路。

　　沙湾飘色的人物造型设计十分重要，要讲究神韵，要求精细巧妙和斑斓多姿相结合，每一板主题设计的形式都不同，如"黛玉葬花"的色板花枝上"飘"着一小女孩扮的花神，"色梗"就通过锄头与花枝相连，让装扮花神的

⑤ 扮色的儿童

小童飘逸在花枝上，不但在意境上使人回味无穷，造型设计也相当巧妙。

在此要特别一提的是沙湾的新板飘色《赛龙夺锦》。该板色巧妙融合了当地传统的龙舟竞渡民俗，在两条龙舟中"飘"起的演员数量共计22人，凌空做着奋力划船动作，两条龙舟间飘起的11人是该板色的关键。衣着艳丽的扮色者手执不同乐器，造型各异，利用复杂的力学原理，搭

● 沙湾飘色《赛龙夺锦》凌空造艺

　　起 3 个梯级，使得"飘"上还有"飘"。凌空飘起的"音乐家"们生动地诠释了广东音乐《赛龙夺锦》，展现了沙湾"广东音乐之乡"的特色，也将沙湾飘色造型精美、设计巧妙的艺术特点再次升华。大胆的创新使《赛龙夺锦》别具一格，使本板飘色既展示了沙湾龙舟竞渡和广东音乐的风采，又使两大主题融为一体。更为重要的是，本板飘色既能坚守沙湾飘色的传统特色，又大胆引入现代高科技手段。《赛龙夺锦》一出场，就赢得满堂喝彩，该板色一举获得 2010 年中国民间文艺最高奖"山花奖"。

　　传统的沙湾飘色内容十分丰富，计有两百多板色，大多取材民间神话传说和戏剧故事，如《嫦娥奔月》《苏武牧羊》《哪吒闹海》《精忠报国》《柳毅传书》等，多是歌颂国泰民安、锄强扶弱和追求美好婚姻的。近年来，艺术家们又先后创作了《赛龙夺锦》《雨打芭蕉》《独占鳌头》等新色板，将现实或传说中的英雄故事，经过艺术构思，见诸飘色，使飘色更具有时代精神和现实意义。

主芯色梗有机关

很多人会有疑惑，让这么小的孩子一两个小时气定神闲地在一条幼小的色梗上凌空而立，谈何容易？没错，飘色之所以能飘起来，全靠一条经过精心锻造的钢枝，也就是"色梗"，这个奇妙的装置，犹如主心骨一样，支撑着屏面和飘色上的小孩，使他们能牢固而又巧妙地竖立在飘色板上，要做到这些，色梗的锻造和结构更是关键，锻打色梗确非易事，全凭手工和经验，故有"一锤定锻"之说。色梗要做到安全、纤细，板色的设计要生动和逼真。飘色是一种集材料、力学、装饰工艺为一体的艺术，艺术家们要让观众看到惊险、有心思、有悬念的飘色就得动脑子了。如《哪吒伏魔》，屏上坐着石矶娘娘的扮演者，她用长裙将色梗和钢坐兜掩盖起来，因而看上去是站着的。色梗又延伸在石矶娘娘手中的金铜上，又与铜上的火尖枪里面的色梗暗相连接。而凌空飘着的枪的末端其实暗接着一个极为纤巧的钢坐兜，哪吒的扮演者便坐在这兜上，腰间系着兜上的护胸带。观众看到哪吒的双脚下还系着的风火轮，那是用纤细的电线通过钢坐兜底下的小马达而转动，小马达被坐在兜里的小孩的长服装遮掩着。于是，观众看到的却是凌空而起、手提火尖枪、肩挎乾坤圈、脚踏风火轮、大闹东海的哪吒。在历时两三个小时的巡游中，即使那些在"飘"上表演的小孩睡着了，也不影响演出的效果，这就是令人喝彩的巧妙之处。总之，色梗要坚固地竖立在板面上，依傍孩童的身躯，不露痕迹地藏匿在他们的衣饰之中。伸出体外的部分要巧妙地装饰为各种道具，如花篮、羽扇、刀枪、龙蛇等，使之成为整个画面的一个有机组成部分。

起源传说众纷纭

沙湾飘色是传统民间艺术的一朵奇葩，在民间流传了两三百年，关于它的起源却众说纷纭。

一说是在明朝，沙湾人李远路在云南当边关大将，当地有两族人为争夺北帝塑像相持不下，经其调解，重归于好，于是人们把北帝塑像送给李远路，李远路将塑像带回沙湾。从此每年农历三月初三北帝诞，沙湾人抬北帝塑像游街，加以舞狮、舞龙、飘色等民间艺术助庆，飘色由此产生。

另一说是清代粤剧艺人李文茂响应太平天国起义失败后，朝廷严禁粤剧，群众想看戏而不得，于是以小孩扮成戏曲人物抬着游行，似演戏但不唱戏，这叫作"赛色"。后来赛色流行于民间，并不断发展，出现有的在马上装扮，

● 飘色巡游

称为"马色"；有的在水上装扮，称为"水色"；有的在板台上装扮，即现在的飘色。

　　不管起源如何，清末民初是沙湾飘色的兴盛时期，每年举行飘色游行，由一居三坊十三里等 17 个单位组成"出色"，连续 4 天，每天出色数为 24~26 板，十分壮观。出游后还进行评选，由该年轮值当甲（主持单位）发奖，俗称"赏色"。

　　随着时代的发展，古老的沙湾飘色艺术也在传承中发展，每隔一两年，沙湾镇都会举行传统的飘色活动，吸引了珠江三角洲一带的民众前来一睹其魅力和风采。笔者曾与民众一起，在沙湾亲历了盛大的飘色巡游。新年巡游的28板传统飘色，汇集了沙湾镇东、南、西、北四大村的飘色精品。加之传统的龙狮、鳌鱼舞、兰花舞、净瓶队等，全部队伍浩浩荡荡前后延绵 500 多米，蔚为壮观。

沙湾飘色入选首批广东省非物质文化遗产名录，中山南朗崖口飘色、台山浮石飘色、吴川飘色、陆丰河田高景飘色列入国家非物质文化遗产名录。番禺化龙镇潭山村的飘色艺术活动也非常活跃，其飘色艺术《争荣弃耻》《七姐下禺山》获第八届（2007）中国民间文艺"山花奖"。

　　岭南高贵典雅的工艺品是中华传统文化的瑰宝，其精致绚丽的手工艺术不仅让岭南人引以为豪，而且让世界各地的来宾为之惊讶赞赏。已故大文豪郭沫若先生参观了岭南工艺品后，对岭南的能工巧匠们创造出如此瑰丽的建筑赞叹不已，即兴赋诗一首："天工人可代，人工天不如。果然造世界，胜读十年书。"

　　果真如此吗？让我们一起来看看。

天工人可代

折中东西——岭南画派

岭南画派是 20 世纪初在广东崛起的一个高扬"艺术革命"旗帜的绘画流派，创始人为高剑父、高奇峰、陈树人（简称"二高一陈"）等。岭南画派旗下汇集了一批疾呼艺术革命、艺术救国的广东籍画家，它是岭南文化最具特色的文化名片之一，和粤剧、广东音乐被称为"岭南三

⬆ 高奇峰作品《鹰松图》

秀"。

近代中国画坛有三大画派，京派（北京）、海派（上海）和岭南画派，分别代表了近代画坛三种重要的艺术风格。京派以发扬传统绘画为使命，海派以商业气息浓郁的大上海为背景，将世俗与传统审美融为一炉，雅俗共赏。与海派相比，岭南画派出现得比较晚。它的出现，以辛亥革命前后风云变幻的时代变革为背景，高举"艺术革命"的大旗，以深刻的时局关怀为题材，是由革命孕育出来的画派，也是推动革命的画派，还深刻地影响了近代中国绘画的绘画风格和绘画语言的变化。

岭南画派的文化精神

岭南画派的产生和发展，体现了一种新的文化精神。这种新的文化精神包含四个方面的内容：一是革命精神，这是岭南画派产生和发展的思想基础；二是时代精神，这是岭南画派区别于旧国画流派的主要特征；三是兼容精神，这是岭南画派的艺术主张，是革新的重要途径；四是创新精神，这是岭南画派不断发展的动力。这四种精神是互相联系的，它构成了岭南画派相当完整的体系，也是这一画派历久不衰的重要原因。

高剑父、高奇峰、陈树人是岭南画派的创始人。三位画家独特的人生经历、鲜明的艺术追求和创新的绘画风格，成就了岭南画派。他们均是中国早期同盟会的会员，在清王朝统治中国、中华民国尚未成立之前，他们已追随在孙

中山先生左右，为广州及香港的进步报刊撰写宣扬革命的
文章，并参与了几次革命起义。高剑父（1879—1951），
广州番禺人，青年时师从隔山画派居廉（1828—1904）及
其师兄伍懿庄学习绘画，因此其早年的画作延续了居廉绘
画岭南花鸟的风格。伍懿庄（1854—1927），祖籍福建，
世居广州，是著名的十三行行商怡和行老板伍秉鉴的后人，
也是居廉的学生之一，家境富裕并且书画收藏颇丰。高剑
父师从伍懿庄之后，得观其丰富的古书画收藏，画艺大进。
更重要的是，伍懿庄资助高剑父东渡日本东京游学，由此
开启了高剑父"艺术革命"的人生。在东京期间，高剑父
加入了同盟会，此后数年为革命事业奔走。高剑父曾在广
州开设广彩窑场——广东博物商会，以烧制广彩瓷掩护革
命党活动，还曾加入敢死队，组织刺杀清朝官员行动。中
华民国成立以后，他开始将精力转向中国画的革新和创造，
并在广州设立春睡画院，培养美术人才。高奇峰（1889—
1933），高剑父的弟弟，年幼时师从其兄高剑父学习绘画，
后又随兄长东渡日本。回国后，在上海创办革命刊物《真
相画报》和出版社审美书馆。后回广州，在广州中山大学
教授绘画。陈树人（1884—1948），广州番禺人，早年随
居廉学习绘画，后东渡日本京都留学，1905 年加入中国同
盟会，历任多个要职。三位画家在年轻的时候一直为广东
几家重要的革命报纸刊物，如《时事画报》《有所谓报》
等投稿，传播新思想、鼓吹革命，即使在日本留学期间也
不间断地宣传革命思想。三位民国革命元老政治上追求革

命，及至中年以后，再将这股革命的理念投入艺术创作中。他们的理念与当时的进步青年面对国力日衰奋而革命的想法是一致的。东渡日本，因源于留学日本以最便捷的方式向西方学习的一股潮流，也成就了他们掺以日本画的特点改造中国画的绘画变革。

🐵 高奇峰画作

岭南画派的特点及艺术主张

岭南画派有如下特点：一是主张创新，以岭南特有的景物丰富题材；二是主张写实，引入西洋画派；三是博取诸家之长；四是发扬了国画的优良传统，在绘画技术上，一反勾勒法而用"没骨法"和"撞水撞粉"法，以求其真。

岭南画派一开始便是高举"艺术革命"的旗帜，力图革新陈腐的中国画。其重要的艺术主张就是"折中中外，融汇古今"，也就是立足于传统，又吸收西洋画的技法，融会贯通，以此创作新国画。因此，早期的岭南画派又被当时的人称为"折中派"。

关于"折中"的理念，1908 年 1 月 2 日的《时报》报道了高剑父、高奇峰在神户开美术游艺会的消息，"二高"就明确地提出"其画法采集中、东、西三国所长合成一派"。"二高一陈"的游学经历，致使他们的折中主要是日本画与中国画的折中，岭南画派的艺术主张和艺术风格是以其独特的时代为背景的。但 20 世纪 30 年代以后，中国画坛开始受更正宗的西洋画原产地——欧洲的影响。这也与更多留学英美法的艺术家回国有关。这股"新国画"的潮流犹如在沉闷的夏日里吹来一股清风，引起了人们对改革中国画的关注。

岭南画派的创始人高举"艺术革命"的旗帜，不仅是宣扬要革旧中国画的命，还有着以艺术宣扬革命理想的革命抱负。他们创作的画作蕴含了画家针砭时局的政治理念。这种将现实世界融入绘画当中，创作现实题材的做法，也是他们不同于前人、不同于其他画派的重要特点。以艺术作为革命宣传的手段，其实并不是他们首创。与他们同时代的广东同乡，如潘达微（1881—1929）、何剑士（1877—1915）、郑苌（1845—1918）等人，早在 1905 年就已在当时著名的革命报刊《时事画报》上，以漫画、时事画的形式针砭时政，宣扬革命理念。可以说，政治与艺术结合是 20 世纪初广东画坛、广东文化界的壮举。高剑父、高奇峰、何香凝等岭南画家，以雄狮、雄鹰等为题材，创作了《睡狮》，在画中寄予了重振国力的愿望。高剑父的代表作《东战场的烈焰》（又名《淞沪浩劫》），正是控诉日本侵略者所犯下的滔天大罪。画作中再现了被日军炮火轰毁的上海东方图书馆情景，画家笔力老辣劲健、情感深刻，其中画战火焚烧的背景尤其渲染得力，这不只是一幅单纯的艺术佳作，更是暗含深刻现实寓意的佳作。

岭南画派人才济济

第二代岭南画派画家人数约有半百，可见"二高"影响之盛。这里难以一一介绍。岭南画派的第二代杰出画家黄少强、方人定、关山月、黎雄才、赵少昂等尽管深受老师影响，但风格上自成一家，风格迥异。事实上，岭南画派并没有固定的一套绘画语言和风格模式。之所以成为一派，主要是其艺术理念的贯彻。绘画技法上主张兼容并包，融会东西古今；题材上反映现实，寄予革命寓意；艺术上追求不断创新，这些也是岭南画派能占据岭南，与全国各画派并立的根本。

高剑父的弟子方人定、关山月、黎雄才等在中华人民共和国成立后成为享誉中外的大画家，他们在20世纪50—70年代，将国家"艺术为人民服务"的文艺指导方针与个人画风结合起来，到祖国各地调研、写生，深入民间，创作了大量既具时代特色又有个人风格的现实题材的画作。关山月创作了《新开发的公路》《绿色长城》《祁连牧居》《长河颂》及《江山如此多娇》（与傅抱石合作）

等脍炙人口的不朽巨作。黎雄才（1910—2001）年少入读春睡画院拜高剑父为师，因其自幼习画，有非常好的传统绘画功底，高剑父对这位学生非常赏识。1932年得高剑父资助留学日本。他秉承了岭南画派的"折中中西，融汇古今"的宗旨。他的画风糅合了传统国画画法与日本画法，山水作品既有传统笔墨的意味，又有日本画渲染气氛的特点，同时又能表现景象的光色、远近和空气感，自成"黎家山水"一派，是岭南画派第二代的杰出代表。赵少昂（1905—1998），为高奇峰的弟子，擅长画花鸟、走兽。他的用笔、设色深受其老师的影响，但同时又融会日本画的用笔设色技法，有个人独特的艺术风格和品位追求，自成一家。

岭南画派的传人延续至今已是第五代。社会在发展、时代在变迁、审美趣味也在变化，岭南画派也在传承中不断地成熟、壮大、变革、创新。岭南画派每一代传人有其独特的时代要求和审美趋向，每一个传人也有自身不同的人生体验和艺术追求。所以，这一派之内的画风必然越来越多元、越来越

🖑 高剑父画作《东战场的烈焰》局部

🔺 关山月、傅抱石名作《江山如此多娇》局部

成熟，也越来越变动不居。岭南画派以包容开放的态度、以兼收并蓄的精神对待和学习古今中外的艺术，在融会贯通的基础上再创新、发展，这不仅是岭南画派创立的宗旨，也是它能传承至今的根本。

> 岭南画派体现了兼容并包、开放进取的人文精神。穷则变、变则通，绘画如是，修身、齐家、治国也如是！

剔透神工——广州牙雕

　　象牙从古至今都是人们喜爱、推崇的吉祥物，牙雕工艺品光泽柔和，细腻温润，长期以来被王公贵族视为地位和权力的化身，老百姓则把象牙视为吉祥幸运的化身佩戴在身。广州牙雕是以象牙为原材料进行雕刻的传统民间手工技艺。

🐾 广州牙雕精品

你见过多层的象牙球吗？它圆润剔透，层层转动；象牙船富丽堂皇，每个小门窗开闭自如；小小一颗象牙米，竟刻上几百字的文章……这些精致的工艺品真是鬼斧神工，它们就是广州的传统工艺——广州牙雕。

广州牙雕的千年历史

远古时代，处于蛮荒之地的岭南时有野象出入，古人在征服自然的过程中，对那些美妙的象牙资源也进行了发掘，很早就开始利用象牙装饰生活用品了。

⬆ 清宫内务府大臣在慈禧六旬寿辰时进献的贺礼《清象牙镂雕群仙祝寿图龙船》，由广州牙雕工匠按照如意馆绘制的图稿雕刻

秦汉时期，冶铁技术传入岭南，象牙饰物制造工具有了改进。据考古发掘，在广州西村石头岗的秦墓出土文物中就有象牙器，西汉南越王墓也出土了一些象牙篆刻印章、金扣象牙卮（酒杯）及一些玩赏物等。这些大都是广州牙雕工匠制作的。

到了汉代，象牙制品工艺有了大发展，工匠们竟然采用象牙劈丝来织成席，象牙席很快发展成为广州地区特有的名贵的进贡品。相传汉武帝曾对广州制作的象牙席大加赞赏，恩赐给宠爱有加的李夫人。后来海上丝绸之路开辟，贸易的主要商品也包括进口象牙。在广州西汉南越王墓的陪葬品中，发现成堆叠放的大象牙，据鉴定，这批象牙是从非洲进口的。同墓出土的，还有雕刻精致的象牙卮、篆刻墓主夫人赵蓝姓名的覆斗钮象牙印章及其他用品。

唐代，牙雕工艺品成了炫耀财富和权贵势力的象征，唐朝五品以上官员用的笏板（古代文武百官上朝拿着的手板）都是象牙制造的。广州的野象牙小而红，是制作笏板的上好材料。

宋元时期，象牙雕刻随着城市经济和海外贸易的发展，广州进口的象牙日益增多，象牙工艺品生产已具规模，开始进入市民的生活，如广州人喜欢用的象牙筷子、象牙饰品甚至象牙席等。

◆ 名贵的象牙扇

明代，牙雕工艺继承宋元雕刻技巧和艺术造诣不断发展，创作有镂空多层的象牙球，有在放大镜下进行雕刻的被称为"鬼工"的立体微雕。

清代乾隆二十二年，朝廷诏令全国仅留广州一口岸通商，外商船舶只限进出广州港，于是大批象牙运入广州，加速了广州牙雕业的发展。就连当时广州靖海门外的神像店，也使用象牙雕刻神像，或雕刻花边作为神龛的名贵饰品。1793 年，英王乔治三世特使乔治·马戛尔尼一行抵达广州，他们对广州的象牙雕刻工艺品表示十分惊讶。后来，特使秘书约翰·巴罗在《中国旅行记》（*Travels in China*）中写道："看来似乎最优美、最完美无瑕的顶峰，就是（广州的）象牙雕刻。"当时广州牙雕工艺品的品种很多，有镂通花折扇、国际象棋、雕花胸针、饰针、项链、象牙球、象牙梳、鼻烟壶、赌博用的筹码、多米诺骨牌、烟嘴、粉盒等，这些象牙艺术珍品大量出口欧洲，很受欢迎。据说，当时在西班牙和葡萄牙上流社会的社交圈子中，贵妇人最为时尚的就是手握一把象牙扇子。

多层象牙球传奇

说起广州牙雕，当然不得不说象牙球了。通雕牙球就是将象牙雕成球状，然后把它镂通成多层次的球层，每一球层都可自由转动，球上花纹通透玲珑，镂满了人物、花卉、鸟兽等，用球柱、球托支撑，浑然一体。圆润剔透的象牙

⑤ 清代象牙镂空雕福寿宝相花套

球，让中国广州牙雕名满天下。说起广州象牙球，业内流传这样一个故事。

1915 年，为庆祝巴拿马运河开通，在美国旧金山举行了世界首届万国博览会。当时广州众商号一致推举"联盛号"的翁昭、梁雄创作的 25 层象牙球送到美国参展，与此同时，日本也送了一个 30 层象牙球参展。两个多层象牙球直径相仿，表层浮雕和内层通雕，做工都极为精巧，各具特色。评委们左看右看，如果以雕琢钩层来评优胜，同为一种镂空通雕的象牙球，牙球表面没有任何接缝，外面似乎看不出谁的技艺更为高超。如以层数论输赢的话，当数日本人制造的更精密，比中国多出 5 层。翁昭、梁雄等中国手艺人认为，两个象牙球技艺比较的关键是象牙球是否由一个整体雕镂而成，这个绝技从未外传，25 层在当时是技艺极限，除非不用整体雕镂技艺。因此，为了辨明两者是否为整体雕镂而成，中国代表建议将两个象牙球放进沸水验证。大会评委经过讨论，决定采纳这一建议。两个象牙球放在沸水中后，日本送展的象牙球在沸水里层层散开，证实该象牙球为拼接黏合体，化学黏合剂遇热而致球体散开。其工艺是先将牙料切割加工成一对对依次大小的半球壳，然后在上面雕刻加工，再用化学黏合剂精心套层黏合而成，层数的多寡当然不是问题；而中国的象牙球为整体雕刻而成，从里到外都是一个整体，凭的是高超精巧的技艺，将一个实心的象牙球镂空通雕成一个层层可转动的精品，因此大会评委会评定中国的 25 层象牙球优胜，中国广州象牙球获得博览会金奖。广州翁氏牙球为中华民族争得荣誉。

🌕 多层象牙球

说起广州象牙球，当然也得介绍翁氏牙球世家，正是翁氏五代人不懈努力，将广州牙球雕刻的技艺推上巅峰。翁氏牙球世家的故乡是广东顺德，生长在清道光年间的翁五章在顺德家乡读了几年私塾，从乡下乘船来到省城广州，在大新街一个同姓老乡开的商铺住下，开始了他的牙雕学艺生涯。翁五章全身心投入学艺，对牙雕技艺的一招一式反复琢磨，想尽快将技艺掌握在手。那年代做牙雕学徒很辛苦，徒弟要做好斟茶递水扫地等杂活，才能学艺。对于一些技术关键，师傅不会教徒弟，而且等天黑之后才躲到床上放下蚊帐来做，怕教会徒弟饿死师傅。

翁五章到底是牙雕奇才，居然能在师傅的"蚊帐"外

学到雕刻牙球的精髓，并将原来象牙球雕刻从 6 层发展到 11 层，为中国的象牙雕刻史开创了辉煌的一篇，并从他开始，奠定了翁家以后几代的镂通雕象牙球事业的辉煌。翁五章不断改进和提高象牙球镂空多层制作技术，并将家传绝艺授给其子翁彤。翁彤又将父亲翁五章的 11 层象牙球发展到 14 层象牙球，多了 3 层。

🔸象牙球作品有了多种主题

清末民初的广州，大新街、三府前、玉子巷一带的牙雕从业人员多达千人。翁氏第三代传人翁昭善于动脑子，肯钻研，学艺 10 年，脱颖而出，把前辈只能雕刻到十几层的象牙球雕刻到二十多层，受到牙雕行业的瞩目。所以才有了 1915 年，广州牙雕行业公推翁昭、梁雄创作的 25 层象牙球——"联盛号"送到美国旧金山参加世界首届巴拿马万国博览会展出一事，才产生了前文讲述的一段识别象牙球是否整体雕镂而成的经典故事。

翁昭制作的象牙球还于 1923 年获得伦敦展览会一等奖，来自世界各地的客户纷纷慕名前来下订单。比获奖更为高兴的是，1924 年 12 月，翁昭的儿子出生了，兴高采烈的翁昭对儿子的出生寄以很大的期望，他认为只有下一代光宗耀祖，家族才能生生不息，于是翁昭给儿子取名为荣标。

　　翁氏牙球世家第四代传人翁荣标没有在祖宗的业绩上停步不前，中华人民共和国成立后，他在大新象牙工艺厂中大展宏图，大胆地进行牙球镂雕工艺革新，精心改革刀具，终于成功雕刻出 45 层象牙球，从而创造了翁氏"薄皮牙球"新工艺。

象牙船千姿百态

　　广州牙雕的另一绝活是象牙船，也称画舫、花舫和紫洞船。在一支弯弯的象牙上雕成一条好几层高的象牙船，小的仅10厘米长，大的可至180厘米。船内最多可达十数层，每层都雕有房间、走廊、栏杆、大小门窗，其中大部分的门窗都可开闭，有的楼面还摆设家具等，各层中还雕

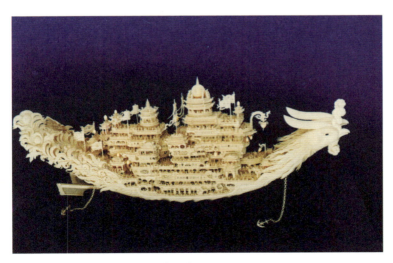

　　● 潘楚钜设计的珍品《双凤朝阳》画舫

刻各种人物，人物千姿百态，有弹琴弈棋，观书作画，歌舞娱乐等各种姿态，富丽堂皇，布局巧妙。那技艺需要通雕和镶嵌完美结合。

潘楚钜大师，被广州牙雕行业公认为"船王"，他设计创造的象牙画舫最大的特点是因材施艺，独具匠心。在珠三角一带水乡长大的潘楚钜经常接触各种船、艇，童年的水乡生活给予他丰富的创作源泉，充实了他的想象和发挥。他了解船的结构、功能，更了解水乡人的民情风俗，他一做起牙船，真是如鱼得水。

潘楚钜之所以能不断地创造，一是他对象牙材质的研究透彻，二是他的创作思维是散发性的，所以他设计的画舫不断创新，从单体牙船到双龙与双凤船到龙凤船，布局错落有致，人物千姿百态，花饰变化多端，栩栩如生。1964年，他创作的八层象牙大画舫，被选送日本东京国际博览会展出，轰动东京。

后来，潘楚钜大胆地构思了以龙、虎、凤、麒麟、鳌鱼、孔雀等动物形态作首尾造型的牙船，突破了传统牙船的造型。1987年创作大型象牙舫《双凤朝阳》，花舫的船身以凤为造型。花饰图案和人物姿态变化多端，船上层楼叠阁参差错落，门窗玲珑剔透，且能自由开合，船顶彩旗飘扬，华灯高照，舫上人物多达三千个，还有旌旗、灯饰等，栩栩如生、千姿百态，非常壮观。该作被征集为国家珍品，由中国工艺美术珍宝馆收藏和陈列。

精雕微刻是绝活

广州牙雕除了象牙球、象牙船，还有另一品牌，那就是微刻书画。老广州人大都知道冯公侠、冯少侠这对父子，他们创造的象牙米精雕十分了得。20世纪二三十年代，若是从四乡坐船到广州南方大厦一带，只要说去找冯公侠，不说详细地址，三轮车夫也会径直奔向大新路冯公侠象牙微雕店。当时店铺门口摆着玻璃窗，里面放着一米粒大的象牙，上刻有孙中山遗言154字，肉眼一般看不到，旁边有一放大镜，让人们从镜中欣赏这精湛的象牙微雕技艺，更多的人是在外面，贴着橱窗玻璃看，一堆鼻子都压扁了。冯公侠先生于1925年开始以象牙微刻扬名，他在米粒般大小的象牙米上刻唐诗共120余字，被誉为"神眼"。他所雕刻的长达25000字的《共产党宣言》，都挤在长12厘米，宽24厘米的象牙片上。而他的长子冯少侠，也是微雕名家。1979年，他在两粒象牙米上分别刻上周恩来《雨中岚山》等诗（共264字）及《十八罗汉图》，并送美国、日本等国展览，备受赞赏。

说起当代的牙雕大师，还得说说中国工艺美术大师李定宁。1932年出生于一个牙雕业家庭的李定宁十分好学，以雕刻人物见长。他从大新象牙工艺厂的技工到设计室主任再到技术副厂长时期，正是大新象牙工艺厂发展规模达六七百人的全盛时期，最让李定宁自豪的是他的代表作大型牙雕《群仙祝寿》，整座作品设计精良，规格宏大，长1.90

米，高 1.30 米，共用象牙材料两百多公斤，动用技术工人十多人，历时一年才完工。如此恢宏的牙雕工艺品，上面雕刻了大小人物共 128 人，人人情态各异，有翩翩起舞的舞者，有腾云驾雾的仙人，有雍容华贵的王母娘娘，还有惟妙惟肖的各路神仙。这件大型牙雕精品面世后引起轰动，工艺行业的兄弟单位

⊕ 南北牙雕大师之作

争相前来观赏。1988 年，日本的一个银行家以 158 万元买下《群仙祝寿》，并通过中国政府，邀请李定宁作为艺术家到日本访问。

骨雕传承有大师

1990 年 1 月 18 日，我国作为濒危野生动植物种国际贸易公约成员国，遵循全面禁止非洲象牙及其制品进行国际贸易的公约，从 1990 年起停止进口象牙，退出包括广交会在内的所有象牙国际贸易。此后 20 年，广州牙雕行业陷入"无米之炊"，牙雕艺人纷纷转行，曾独领风骚数百年的广州牙雕技艺濒临失传。

象牙没有了，可以用骨头代替，不能让这些镂空通雕的绝活失传，以张民辉大师为代表的牙雕名家带领他们的

民营企业想尽办法，尝试用牛骨或其他材料替代象牙。他们心底的想法，不光是把企业搞活，重要的是把中国这千年传统的象牙雕刻工艺传承下去，使牙雕技艺不在这一代人的手里失传。

张民辉从 1972 年进入大新象牙工艺厂当学徒，到 2006 年被评为中国民间工艺大师，中间经过了不少艰辛。1972 年中学毕业的张民辉深感自己的不足，更加努力学习。他三年后满师，考上广州市工艺美术工业公司工人大学工艺专业学习，边工作边学习。几年后，已经当上师傅的张民辉又到北京中央工艺美术学院特种工艺美术系进修，进修三年。工作这些年，张民辉几乎把休息日都拿来学习，他努力培养自己的艺术素养，他比其他同龄人早意识到，越是传统的东西，越不能忽视现代文化的补充。张民辉不但自己坚持学习，还担任大新象牙工艺厂的工人美术培训课程的老师，开办美术及其他课程班，把他的学习心得与同事分享。

就是这样边工作边学习，十几年下来，张民辉的牙雕技艺已掌握全面，既擅长人物雕刻，也擅长山水花鸟、亭台灯饰等景观的综合造型，他从事的牙雕设计和制作，在全国和省市同行中独具风采，屡屡获奖。

中国工艺大师张民辉用牙雕的技艺、用骨雕的材质创作的多件大型骨雕作品震撼海内外，2007 年，张民辉团队完成了高 3.8 米，宽 2.6 米，厚 0.6 米的大型骨雕浮雕作品《福如东海》，作品用去 1.3 万余块骨料镶嵌，景物凹凸错落，

布局巧妙大方。首创性地将传统的骨雕（牙雕）作品用现代立体壁画的方式表现出来，开创了一种骨雕新技艺。

经"张民辉"们十多年来矢志不移地探索，他们创作出的新型骨雕工艺正悄悄地承载着传统广州牙雕的旷世绝技，形成媲美牙雕的工艺。

2006年，广州牙雕列入第一批国家级非物质文化遗产名录。近年，经国家和世界保护动物组织等验证和批准，广州每年可采购一些专用象牙用于加工成精美工艺品，让工艺品进入博物馆和收藏界，让民众能继续欣赏广州牙雕的精品力作。

绚彩华丽——广东刺绣

刺绣是中国传统民间工艺，是指在毛、麻、丝、棉等织物上，用一种绣针引导绣线穿刺运行，组成各种图案和色彩的传统手工艺。

◆ 广绣作品

刺绣与女红的传说

中国刺绣历史悠久，传说舜帝时已有刺绣衣裳。刺绣的起源流传着一个故事。昔日古吴越一带有"断发文身"之俗，"断发"即留短头发，"文身"即刺纹于身。文身虽能增加身体的美感，但经常裸体不合礼仪。后来一个叫仲雍的官员携家眷来到吴地上任，他提倡礼仪，不忍人们忍痛刺花纹于身上，便召集手下研究解决之法。此时仲雍的孙女女红正坐在隔壁的房子中缝制新衣。忽然，她听得仲雍的手下为此事争吵起来，心里不禁一惊，右手上的细针扎到左手上，一滴鲜红的血滴到白色的衣料上，渗开后极似绽放的花朵。女红骤起灵感，用有色的丝线按图案缝缀，不就可以令衣料上有花朵了吗？于是，女红用五彩染丝线，在衣服上一针一线地绣出图纹，赶制七天七夜后，一件有五彩图纹的衣服终于制成，献给了爷爷仲雍。仲雍大喜，择一吉日召集民众，举行绣衣面世大会，宣布此后以此法制作衣饰，代替文身之俗。从此，民众便以绣衣代替了文身。后人为了纪念女红，把这种刺绣的工艺称为"女红"，女红针黹亦即刺绣。

中国有四大名绣，那就是苏绣、蜀绣、湘绣和广绣。广绣后又称为"粤绣"，包括广州地区和潮汕地区的刺绣。本节说的广绣是以广州为中心的珠江三角洲地区（包括广州番禺及佛山禅城、南海、顺德等地）民间刺绣工艺的总称，包括真丝绣、线绣、珠绣和钉金绣四大类绣种，刺绣品类又分成两大类，一是刺绣画，二是日用品。

古今代有人才出

　　广绣的历史有两千多年了，在南越国第二代国主赵眜的墓中（广州南越王墓）出土有如叶脉状的纹样，即刺绣物料。有文字记载，广州地区出现出色的刺绣人才始于唐代，唐永贞元年（805），一个14岁的南海姑娘卢媚娘在一幅一尺见方的丝绢上绣出《法华经》7卷，上万字的经文每字如粟粒，点画细于毛发且分明，足见其刺绣工艺之精。到了宋代，民间日常已应用刺绣品，广绣工艺日臻成

🌀 精美的广绣

🔷 清代广绣

熟。明代中后期，广绣已经成为广州地区重要的手工业之一，扬名海内外，被西方学者称誉为"中国给西方的礼物"，如今的英、法、德、美各国博物馆均藏有古代广绣。

明末清初，英国商人拿服饰图样到广州绣坊订绣品。广绣品为适应西方市场，绣工更为惟妙惟肖。如以孔雀羽毛扭绩成线缕，以马尾缠绒为勒线等。清中叶，是广绣出口的全盛时期，一幅大的绣画要纳税白银 1.2 两。广州的刺绣作坊多在状元坊、新胜街、沙面一带，大量的刺绣品都是发到珠江三角洲一带乡村加工。那时广州周边一带乡村做广绣的家庭很多，男女老少齐上阵，绣花能撑起一个家。清末，有文人画家参与广绣画设计，使技艺更有发展。当时新成立的广东省工艺局在广州芳村办了一所缤华艺术学校，聘请岭南画家高剑父任校长，该校设绘画、刺绣、雕刻等习艺班，潘达微夫妇和宋铭黄（后与高剑父结婚）等文人任刺绣班教师，使广绣的创作和文人画结合，技艺进入新的阶段。清末民初时，广绣业行会"锦绣行"有会员一千多人。从清代中期到 20 世纪 80 年代，广绣业都是国家外贸出口的重要创汇之一，并造就了一批又一批闻名遐迩的技艺拔尖人才。如晚清百岁师傅陈球、四代家传专绣贡品的黄洪、能画能绣的周云笙，还有许练成、周德、朱苏等。尽管由于绣庄卖出的绣品只署绣庄的名号，不署绣制者的名字，但这些名师的名字还是传到了海内外。到了清代光绪年间，广东设立工艺局，那时广绣行业名师辈出，广绣画的构图新颖、针法独特。宣统三年（1911），在南京举办的南洋劝业会上，黄洪弟子余德的《孔雀牡丹》荷包获二等奖。1915 年，余德的绣品《孔雀牡丹会景》在美国旧金山举办的巴拿马万国博览会上获优等奖，他也被行内誉为"绣花王"。1922 年，余德的绣挂画《瑞狮》在英国伦敦大铁桥开幕赛会上获二等奖。1923 年，黄妹（男）的绣挂画《菊花猫蝶图》《半沉浮金鱼》《鸡冠花》在广东省国货展览会上获一等奖，被誉为"绣花状元"。黄妹用旋纹针法代替直纹针法绣老虎、独创八面旋转针法绣鸡冠花，陈荷影用二针企麟法绣大龙，用虚凸（粤语称虚卜）

法绣龙凤，皆闻名于国内刺绣行。1924 年，莫傅精绣的列宁头像被莫斯科列宁纪念馆收藏。1929 年，在广州举办的四省市绣品展览会上，广绣以《孔雀牡丹》《番狮》《雪地风景》等绣品参展，赢得广泛赞誉。

"花佬"撑大梁

你们也许不知道，那个年代，撑起广绣业的大家多是男性，行业内习惯将男绣工称为"花佬"。清代的广绣行会规定，只有男工才能加入行会，所以那时的男绣工即"花佬"一统刺绣业天下。19 世纪到 20 世纪初，是"花佬"的兴盛时期，这时候的刺绣实行简单的协作、分工，一般的刺绣分上下两道工序，女工，又叫下手绣工，多是农村妇女，以珠

⬆ 陈少芳的广绣精品《傲视群芳》

江三角洲南（海）番（禺）顺（德）的女绣工为多。一般绣品的第一道工序由女绣工完成，按图稿以平针针法绣上简单的部位后，第二道工序交男绣工完成，由"花佬"刺绣重要部位，专绣人物脸部五官的喜怒哀乐，衣服上的纹饰皱褶，以及飞禽走兽的嘴爪、神态和羽毛花翎等细部。"花佬"进行精加工，在广绣行内称为上手工，工钱要比女工高许多。

男人绣花还有家传，广绣行业有四代名师许氏世家。这得从清朝嘉庆道光年间说起，年仅十四岁的番禺新造人许练成来到广州城学刺绣，拜在一位名师门下。他生性聪慧，又能钻研绣艺，大得师傅欢心，尽得师傅真传。满师之后，师傅把女儿许配于他，夫妻俩成为刺绣行中的好拍档。转瞬过了20年，许练成夫妇的两个儿子许桂、许荣已长大，也学得一手好刺绣手艺。许荣有两个儿子，都是绣花好手，小的叫许季彭，大的叫许松。许松有8个儿女，第五个儿子许炽光和儿媳谢瑞荷均是刺绣高手。

许炽光已经八十多岁了，他六七岁就学习刺绣手艺，身体还没有绣架高，只能站在小木凳上操作，到二十来岁，他就成为行业内最年轻的八级绣工，因为他的"针程""手宝"比别人好。广绣行业的行话"针程"指的是上针的脚步整齐，针步均匀，"手宝"是指绣出的成品光亮平滑，流水路分明，令人赏心悦目。同样的东西经许炽光绣出来，会比别人的漂亮一点。比如大家绣孔雀尾翎习惯偷工，他却会在尾翎上的骨叉处多做文章，虽然只是多加几针的锦

上添花，却使绣品更美观，备受称赞。

1959 年，许炽光作为广绣行业的精英，调入广州工艺美术研究所，他认真学习美术知识，与老一辈的艺人重塑广绣昔日荣光。为了推介广绣，他与梁纪等多位八级绣工一起，参加整理了祖传的广绣 27 种针法，于 1959 年出版《广州刺绣针法》一书，这是历史上第一本广绣针法研究专著。许炽光的代表作是绣制梁纪设计的《红棉八哥》和《紫荆孔雀》，《紫荆孔雀》挂于北京人民大会堂广东厅。

广绣工艺大师陈少芳

一幅好绣品不但要色彩鲜艳、装饰性强，还要看其构图是否饱满，针法是否细密、繁而不乱，挂起来显不显得富丽堂皇。这里要着重介绍中国广绣工艺大师陈少芳，陈少芳是美术专业科班出身的广绣大师，中学读的是美术专科学校附中，后直升至广州美术学院国画系，在关山月、何磊、杨之光等名画家的教导下，画艺打下了深厚的基础。1962 年大学毕业后，被分配到广州市工艺美术研究所，开始钻研广绣。1982 年，陈少芳设计的绣挂画《晨曦》获第二届中国工艺美术品百花赛的金杯奖。接着，其作品多次被选送到美、法、加、德、澳等国家参展，好评如潮。1992 年，陈少芳退休后开创了她的广绣艺术新天地，创造了一个新的艺术高峰期。她与亲友合作，在番禺南村镇办起番禺广绣艺术研究所，以保护、发展广绣艺术为宗旨，

● 陈少芳的作品《晨曦》

继续研绣高档精品。为此，她创作不少新针法，如创"绒毛针"绣雏鸡，"个字针"绣鹿、马，"短发针"绣平头，"竹编针"绣写意画面等。在色彩方面，她总结了一套"丝线色彩构成法"，运用夹色、插色、渗绣、间绣等法，开拓了广绣用色的新天地。她不仅挥洒自如地运用了广绣艺术语言，还丰富了广绣的技艺。以往的广绣绣品从没有绣过白孔雀，陈少芳创造性地吸纳了绣绿孔雀的方法，尤其是绣翎眼的结构，再运用了白色一系列倾向色，按孔雀的立体结构安排，吸收环境色的影响，精心施绣，使绣出的白孔雀色彩丰富、变化微妙，特别是尾屏结构美丽、飘逸而壮观，令人拍案叫绝。陈少芳对绣艺精益求精，她绣达·芬奇名画《蒙娜丽莎》时，为显画像"微笑"的神韵，反复推敲、修改近三年，成功之处就在于把脸庞两边笑肌处的绣纹加以技巧性地变动。如今，她已总结出一套绣人像处理绣纹的技法，该技法可使针下的人像栩栩如生，她被观众赞为"针线传神，人像圣手"。

陈少芳的代表作是大型广绣长卷画《岭南锦绣》，这幅长 13.8 米，高 1 米的广绣精品是她设计、研绣了十多年创作出来的，以时花时果表现四季变化，以气氛、意境显现时间变换，以百花争艳、百鸟和鸣的画面反映岭南特色，构图壮观、色彩艳丽。作品包含了大部分广绣传统与创新的针法及技巧，是"陈氏广绣"集大成和示范性的精品力作。1999 年 4 月，著名岭南画派大师关山月看到自己的学生有此绣画佳作，十分激动，在早已封笔的情况下，毅然破例为长卷命题并挥毫"岭南锦绣"，高度评价这幅广绣长卷是"广绣划时代的世纪之作"。

陈少芳大师以其兢兢业业的敬业精神，忘乎自我的艺术热情，精益求精的才华学识，创造了"陈氏广绣"，得到世人的认可，如今，80 多岁高龄的她还在为广绣的发展努力地创作着。

立体富丽的潮州刺绣

潮州刺绣，简称"潮绣"。在宋代就有潮绣的相关文字记载，至明代，刺绣已经是潮州妇女所熟稔的手工。日常用品如枕头巾、手帕、被、鞋、衣服以及官服、官袍等物品上都有潮州绣花。民间迎神赛会的衣饰上，祭祀的神袍上不仅有大量刺绣，而且工艺精美。明朝时潮州县府衙门已经设立了专职绣花匠，可见明朝时期潮绣已经非常发达。清代乾隆到嘉兴年间，本地社会经济与文化的发展，宗族和宗教祭祀的热烈，与此并生的地方戏剧的繁荣，对刺绣的需求大量增加，乾隆时期潮州已有绣庄二十余个，分布在城外西门的天地坛、布梳街和开元寺附近，绣品出口至南洋群岛等地。至咸丰年间，潮州的刺绣工艺开始商业化，潮绣每年销往东南亚的出口值在 1000 万两以上。商品竞争促使刺绣艺人用心钻研技艺，并学习吸收外地绣种的长处，潮州的刺绣水平因此得到迅速提高，有了自己鲜明又比较稳定的风格特征。逐渐形成潮绣这一流派。

潮绣具有鲜明的艺术特色，可以归纳为五个字：铺、垫、钉、贴、缀。所谓铺，就是在一张画稿上，将需要薄垫或垫底的地方用粗纱平铺一层；垫，就是用纸棉絮进行垫底，呈浮雕状，突出物象；钉，就是在铺线或者在垫钉、垫棉上钉上金线、银线；贴，就是将物象拆分成小块钉绣，而后把已经绣好的各个部分进行拼贴成整体，成为整幅；缀，就是在整幅作品组合完成之后，进行调整修饰，点缀配物，如同中国画调整修饰画面一样。这五种绣艺的技术处理，常常使绣品呈现像浮雕似的艺术效果即立体、金碧辉煌、构图饱满。潮绣的艺术特色具有与苏绣、湘绣、蜀绣和广绣的不同之处，即潮绣具有立体感，并形成了丰满浮凸、有起伏而又多变化、有条理而不紊乱、色彩富丽、组织细密、丰富多彩的总体风格，给人以高贵典雅、热闹欢乐的艺术效果，具有浓郁的地方特色。

潮绣题材内容与图案纹样独具特色。潮绣既是民间艺术品又是实用欣赏品。它在明清时期，既不受文人画的影响，又未受西洋艺术渗透的冲击。潮绣的题材除了花鸟、动物走兽、器皿、龙凤之外，经常用鱼虾以及南方的佛手、菠萝、林檎等瓜果作题材，甚有特色。

故宫博物院有很多粤绣藏品。粤绣以布局满、图案繁茂、场面热烈、用色富丽、对比强烈、大红大绿而著称。粤绣最大的特点就是布局满，少有空隙。2006年粤绣被列入国家首批非物质文化遗产名录。

堆金积玉——广州彩瓷

广彩是我国釉上彩瓷的一个独特品种，是在各种白瓷器皿上彩绘而烧制成的一种具有浓厚的东方特色的工艺品，多采用我国的织锦图案，以色彩绚丽、构图严谨、绘工精细而著称，被誉为"绚彩华丽，金碧辉煌，万缕金丝织白玉"。

◆ 广彩精品

广彩产生于清代广州

广州闻名遐迩的民间手工艺有"三雕一彩一绣",上文说到的广绣就是其中的一绣,一彩就是广彩,全称为广州织金彩瓷,也叫广州彩瓷。广彩的主题图案有人物、花鸟虫鱼、山水风景等中国传统题材,也有西方的人物故事、风景图案、外国商标及纪念性纹样。说到这,有人也许会问,广彩不是本土的传统工艺吗,怎么会有外国人物和外国商标及纪念性纹样呢?

广彩既是一种有着鲜明的中华民族绚丽和吉祥文化特色的本土工艺品,也是一种适应国外需要,进行来样加工的外销瓷,此话怎讲?广彩的起源要从广州的海上对外贸易史讲起。

广州是中国古代海上对外贸易重要的港口和商埠,是海上丝绸之路的起点和广货的集散中心。清康熙二十四年(1685)起为全国四大海关之一。乾隆二十二年(1757)封闭福建、浙江、江南三大海关以后,直至鸦片战争爆发时止,广州是全国唯一的对外贸易口岸。清代以后,瓷器成为广州对外生产和贸易的主要商品之一,因而引发并

◆ 清代广彩人物纹盘

刺激了具有广州特色的织金瓷器（广彩）的产生和发展。说到广州外贸，自然有出也有进，中国瓷器大量输出，西欧珐琅技术也随之传入，广州手艺人很聪明，借此技法用于白瓷胎上，烧制成为有名的"珐琅彩"，这是广彩之萌芽。珐琅彩由于高贵艳亮，输出到中东和欧洲很受欢迎，外商便把各国的喜好、习惯、色彩图案等资料带来广州，要求"来样加工，按式定制"，这样进进出出，广彩工艺便产生并完善了，逐渐成为一个独立行业。

说起广彩的产生，还有一说法，清雍正时期江西人杨快、曹钧以候补官员身份来到广州，因无官缺可补没法上任，后来连生活也困难起来。为维持生计，他们就在自己带来的江西景德镇白瓷瓶、盒上做文章，根据市场所好，绘上彩画出售。没想到，这些瓷器颇受洋人的喜爱，纷纷订货。二人干脆在广州开设作坊，专心经营生意，后来越做越好，还招收徒弟，打出了商标，叫"广州彩瓷"，广彩业就这样发展起来。后来，杨快、曹钧二人也因此被尊为广州彩瓷的始祖，广彩行内就把农历八月初四定为师傅诞，祭祀这两位广彩先贤。不管怎么说，广彩是依托广州进出口外贸的需要产生和发展的，历史已有三百多年。

外国皇室贵族喜爱广彩

清康熙中期至嘉庆早期，是广彩瓷最为多姿多彩的时期，特色为"式多奇巧，岁无定样"。那时欧洲掀起时尚

的中国风，中国瓷器被欧洲人运到
西方以后，其东方艺术趣味与西方
文化审美完全不同，东方悠久文明
所形成的独特的美丽优雅，对西方
文化造成了极大的冲击力，中国风
通过王室和贵族的欣赏与引进，渗
入西方的生活和文化艺术中，并因
此而形成时尚旋风。当时富有的王
室和贵族都热衷于搜集、收藏中国
瓷器精品，中国瓷器甚至成为王室
的重要财产。特别是广彩"绚彩华丽，
金碧辉煌"的装饰风格，与当时欧

⬆ 清代广彩堆塑瓶

洲宫廷兴起的洛可可艺术的浮华奢丽的建筑装饰相匹配，
其装饰图案是最精美、最受消费者欢迎的。为了适应这样
的消费需求变化，广州商人在景德镇买素胎，在广州开作
坊加彩生产彩瓷，于是，欧洲的大量订单涌到了广州的彩
瓷作坊。法国的国王路易十四、路易十五，曾派人专门来
到广州定做全套印有宫廷徽标的餐具和用具，当时也有不
少皇室贵族向广彩作坊定做贵族徽号。

　　雍正和乾隆年间，广彩行业逐渐发展至成熟。广彩瓷
生产迅速扩大，乾隆四十三年（1778），广彩艺人成立了
行会组织"灵思堂"，会址设在文昌路，后迁往珠江南岸
的河南龙田一带，因此广彩又有"河南彩"之称。那时广
彩的外销量非常大，产品分为"欣赏艺术瓷"和"饭货"

两大类。"欣赏艺术瓷"的彩绘技法主要吸收国画画法，同时吸收西方油画和钢笔画技术，艺术含量较高。"饭货"即碗、碟、壶、盅等日用瓷器，加彩方法简单、豪放，富有民间装饰风味。

清道光至光绪年间，是广彩外销量最高、成就最辉煌的时期，由于需求很大，在制作工艺方面，改变原先的岁无定样，将吉祥喜庆、八宝、福禄寿、散花等图案装饰作为程式化的纹样，将织金人物翎毛、散花花雀等构图固定下来，如常见的织金人物翎毛图案，确定了基本纹样后，就可以千变万化，既可以根据客商要求在中心金圆圈绘花、鸟等，绘上外国商标或洋行徽章，又能适应批量生产。广州瓷这一来自广州，又走向海外的传统工艺品，经过上百年变迁，逐渐形成了构图饱满、色彩华丽、金碧辉煌的特色，"堆金积玉"成为广州彩瓷独特风格的最恰当形容词。

广彩人与近当代革命

在近代广彩史上，还要说一说那段广彩与辛亥革命的故事。1908年，高剑父（后为岭南画派大师）接受同盟会的指令，组织敢死队，制造炸弹，行刺清水师提督李准。为掩护同盟会的活动，在广州河南保光里，即今同福东路保安南约安庆里内，与潘达微、陈树人、刘群兴、高奇峰、高剑僧、蔡月樵、林冠慈等一班革命志士创办美术瓷窑，挂上"广东博物商会"牌，白天以制作广彩等掩护，晚上研制炸弹及弹药，进行推翻清朝的革命行动。在运进

广东博物商会的瓷器中，经常藏着枪支弹药，并多次躲过清兵的搜查，化险为夷。就是在这样一种环境下，这班集革命者和文化人于一身的同盟会成员，在广东博物商会创办的几年内，在参与推翻清王朝的革命斗争同时，为后人留下一批传世广彩佳作。1915年，刘群兴设计创作的45.72厘米高的《十二王击球》瓷箭筒，在美国旧金山举行的巴拿马太平洋万国博览会上获得优等奖。

从前，广彩行业的规矩是见艺不见人，所有的作品都不许作者落款，艺人名不见传。实际上，业内一直对百年字号和艺高人好的艺人心怀敬仰，在不同阶段的发展中，涌现出一批行内公认的名师和家族。如百年义顺隆家族，从清同治至今已经四代，一直做着广彩。义顺隆的第三代传人司徒福为广彩事业做了一件最了不起的事，1950年，司徒福带着家人从香港回到广州，目睹了新中国一派欣欣向荣的景象，他做出一个重大的决定——在广州建一个大型广彩厂，要把由于战乱时期流散粤港澳的广彩艺人集中起来，一齐为新中国广彩业的发展出力。他把这想法和老朋友赵国垣一谈，两人一拍即合，1955年6月，司徒福与赵国垣共同起草了一封信给时任广州市市长朱光，提出将粤港澳的广彩艺人汇集广州，成立广彩厂的建议。经过多方努力，广州彩瓷厂于1956年8月成立。

广彩世家及"赵兰桂堂"

说广彩，一定要说说赵国垣，中国工艺大师赵国垣是广彩世家"赵兰桂堂"的第三代传人。赵兰桂堂的堂号始创于清同治二年，坐落在广州河南龙导尾状元井的窄巷里，据赵家人说，追溯到太曾祖母陈妹的父辈也是广彩行内人，家族内起码有五六代人做广彩了。1925年出生的赵国垣在年少时不得温饱，何谈读书。所幸的是，他从小耳濡目染，不但跟随父亲赵威学艺，还经常到同街的广彩艺人中向他们请教，学习他们的仿古和折色人物、长行人物技法。当时在广州河南龙导尾状元井从事广彩的艺人很多，赵国垣就在此氛围中长大，他的彩绘技艺提高很快，14岁时便学会了广彩的彩绘、颜料调配、烧炉等工序。赵国垣是在乱世中自学成才的，深深懂得一个手工艺人的所需所想，他十八九岁就可以自己设计花式，成为广彩业全面技艺的一个熟练技工，掌握了仿制洋瓷、新彩、仿制贡品等彩法。由于战乱，他与其他广彩艺人一样，颠沛流离于粤港澳间，直到中华人民共和国成立后，他与司徒福等促成了广彩厂的建立，并担任广州织金彩瓷工艺厂的业务与行政领导，带领着数百广彩人一起奋斗，促使广彩厂成为20世纪60至90年代广州市创外汇的一大支柱企业。赵国垣多年来获国家、省、市级多种奖项，在当代广彩历史上，能够被各级授予如此众多称号的，赵国垣是第一人。赵国垣还有一大优点：肯钻研，善积累。他非常繁忙，每天都很晚才到家，可是回家后他的第一件事情是将当天的工作情况仔细地记录在工作日记里，将日常的生产安排、会议记录、产品图案设计、教学徒的教学资料以及生产定价等一一记录整理，多年来他积累和保存了不少优秀图稿。20 世纪 80 年代，赵国垣利用病休时间，将一生积累起来的实践知识和广彩历史发展的资料逐步整理出来，编写的《广彩历史溯源》在相关刊物发表后，得到各方面的肯定。他整理的《广彩史话》，条理清晰，通俗易懂，成为研究广彩的扎实文本。在广东广州工艺美术行业中，世代相传的世家不少，但像赵国垣那样的既身怀绝技，又是业界的领军人物，在实践与理论的研究中如此执着和卓有成效的，极为鲜见。1990 年，赵国垣大师在生命的最后时光里，坚持写完了《人生的价值在于奉献》这篇文稿，对几十年的事业做了认真而周详的总结，虽然他离去了，但他给广彩业及广州工艺美术史留下了厚重的精神财富。

广彩厂员工最多时达 1200 人，出了一批名师高徒。当代广彩知名艺人有司徒宁、王兆庭、胡玉、李永兆、司徒福、区兆光、谭炎、余锡培、许恩福、翟惠玲、谭广辉、何丽芬等。

在广彩发展的三百年间，广彩瓷品曾销往 100 多个国家，贸易额节节上升，20 世纪七八十年代，对外出口的广彩是用集装箱船一船一船地运出海外的。但任何事情有利就有弊，在大量需求的刺激下，广彩技艺逐渐地从纯手工的技艺变成贴花及印制等粗制滥造的批量生产，再加上国际环境的变化，20 世纪 90 年代，广彩业面临着倒闭的困境，广彩传统技艺后继乏人。2008 年，广彩被列入国家非物质文化遗产目录。

广彩色彩绚丽，构图严谨，绘工精细，有"工细殊绝，堆金织玉"之美誉，具有很高的艺术价值，尽管如今出口贸易大不如前，但收藏业却风生水起，广彩售价一直高企，因为这一贸易品是了解和考证中国清代对外贸易的重要实物。由于国外的宫廷皇室和贵族曾大量使用广彩，国外收藏的广彩工艺品比国内不少。如今，每一件广彩工艺精品价值都成千上万，广彩成为国内外博物馆收藏的"重头戏"。

广彩行业近半个世纪来，几经曲折，由兴盛而衰落，近十年又渐渐兴旺起来，改行的手艺人纷纷回归，重新从事这一手工行业，技艺好的工艺大师的作品供不应求。真应了一句老话：三十年河东，三十年河西。广彩这一传统手工艺又有了新发展。

繁复厚重——广式家具

广式家具是明末清初在广州产生的传统家具，它兼具中国传统特色和西洋风格，富丽而豪华；在用料上粗大宽裕，精选好料；在艺术风格上，崇尚繁复，雕工精巧。

◆ 广式家具太师椅

以往的广府人家,家中都有一套酸枝台椅,一般是一套四张方正背靠椅,桌子有四四方方的八仙桌,也有大圆桌,台面嵌一大理石,周边雕满繁密的吉祥图案。有的大户人家还有一张可睡可坐的床,在客厅一摆,很气派。这些酸枝台椅最适合生活在亚热带气候中的人家,舒服又富贵,清凉又实用,一用就是几十年,保管得好的话能用好几代人。这些酸枝台椅就是传统的广式家具。

广式家具历史来源可以追溯到明朝。据《广州经济年鉴》记载,明穆宗元年(1567),广州的硬木雕刻家具在工艺风格、结构、造型和图案花纹的装饰方面,已可与宫廷使用的硬木家具相媲美。其时的代表性作品有故宫博物院收藏的崇祯时期的铁梨翘头案,该案通体由铁梨木制,独板为面,整体效果凝重雄伟,气度非凡。这表明在明代时期广式家具工艺已经崭露头角。

广式家具成了清式家具代名词

到了清代,广州的家具制造业异军突起,在造型结构、装饰纹样上都有变化,在选材用料上,更加讲究和大方;在结构上,更为豪华富贵;在装饰上,繁缛精刻,既雕刻有传统的纹样,如云纹、凤纹、海水云龙、海水江崖、蝠、缠枝、花卉等,也有兼容中西的纹饰,如形似牡丹的西番莲花纹等,台面或椅背后都镶有大理石。广式家具雄浑、稳重的特点正好迎合了清朝统治者追求的绚丽、繁缛、豪华、富贵的审美情趣。广式家具作品种类繁多,不仅有传

统的桌、椅、凳、床、茶几等，还有别的地区没有或极少见的品种，如放在客厅里可睡可坐的大炕床等家具。于是广式家具迅速取代原来苏式家具的地位，成为清廷的主要家具来源。同时民间对广式家具也表现出极大的热情。清代雍正与乾隆年间，一批广州木雕艺人被朝廷召入宫中养心殿造办处，专为清廷制作硬木器具，俗称"广木作"。据清史中的皇宫养心殿造办处记载，入宫"广木作"艺人先后有董兆、李爵禄、杨有庆、罗元、林彩、贺五、梁义、杜志通等人，家具制品有紫檀画桌、龙柜、香几、灯柱、椅、床等，现存于北京故宫博物院的紫檀木雕花双顶八件大柜、大龙椅、太师椅、大炕床、大圆桌和大书台，多是广东手艺人做的广式家具，于是大量广式家具出现在宫廷内外，成为清代家具的主流。可以说，清式家具就是广式家具。

广式家具都是用硬木做的。什么是硬木？即好木，不是一般的杂木，专指紫檀、酸枝、花梨、坤甸等木材，这些木材都是几百年才能成材的。国内的木材并不多，主要依赖进口，广式家具之所以能在清代如此繁盛，全赖广州对外贸易的繁华。广州的商船将丝绸、茶叶和瓷器运出海外，回来时，作为交换，也为保持船舶的稳定航行，就把当地大堆木材装回船舱运送回来。据一艺人说，清代从海外压船舱运回来的硬木，至今还有货存，可见那些海上贸易运送而来的硬木是何等丰富，所以那些台椅炕床才会做得那么大，才会只用好料不掺杂别种木材，做到不惜工本，充裕阔绰。特别是台脚和椅脚造型模仿西式女子束腰的形态，多呈弯曲状，且弯曲度很大，制作时却不用拼接法，而用一根原木凿成，并雕刻上装饰花纹，彰显出雄浑天成的样式，这就是广式家具特别的风格。相传清末光绪皇帝结婚的龙床，就是在广州制成后运到京城的，皇帝特赐工匠梁皋一官衔，以便他进宫组装。清代的广州著名木雕艺人有侧头添（诨名）、李焕记、黄带昌、何珠记、苏虾等；当代有杨虾、杨广海、招赞惠等。广东民间工艺博物馆（陈家祠）收藏了一套大的酸枝圆桌，台面直径有两米长，雕工繁复、精巧。雕刻的面积宽广而纵深，且刀法圆熟、磨工精细；雕刻花纹的组成线条，由不同层次表现，个别部位近乎圆雕，虽然刻得较深，手摸时，却有圆滑柔和之感；台面将大理石镶嵌于上，一来方便使用，二来更显得富贵高雅。这套广式家具就是杨虾、招赞惠等师傅于20世纪70年代在广州木雕工艺厂精心而做的。

　　如今，工匠手艺再好也做不成这样有气派、做工精良

● 陈家祠藏品大圆桌，是典型的广式家具

的酸枝台椅了，因为好的木材、大的木材越来越少，广州木雕工艺厂也在 20 世纪 80 年代倒闭了，酸枝台椅也越做越少，过去在广州花一千多元就可以买一套好的广式家具，如今要几十万元。

就市面所见的硬木而言，最好的是紫檀，其次是海南花梨，清代时紫檀和海南花梨多为贡品，民间常见的是酸枝，故一般市民把硬木泛称为"酸枝"，当代称为"红木"。清代广州，酸枝花梨同业工会的艺人就专门从事传统"广木作"，包括家具、屏风、座件、樟木枕等，兴旺时艺人有八百人之多。要入此行必须学师四年，还要挨师一年（即跟师傅实习），五年学徒期满，才能由师傅出面为其在同业工会注册，然后才算满师，可以出师到社会上做手工。

清代至民国，在广州濠畔街、梳比街一带云集了广式家具的一批作坊，那时海外的商船可以直接开进濠畔街运货，至20世纪50年代已成陈迹。1956年，广州市有几个木雕合作社，20世纪60年代又合并为广州木雕家具工艺厂。该厂培养了不少木雕艺人，后来又分出华南木雕工艺厂。如今，从事广式家具的人越来越少，木雕家具虽然艺术价值高，但价格不及机械化仿作批量生产的产品有优势。20世纪八九十年代后，传统的红木家具经营十分吃力，后继乏人，国有的木雕厂倒闭。与此同时，一些出色的艺人创办民营企业，如杨虾、杨广海、招赞惠等，他们将广州木雕家具的技艺传承下来。

广式家具行业中的杨氏家族

杨虾，1937年出生于广州，从小到大，他都被木屑香环绕着，从他的太祖父起，到他的儿子，一门五代都从事广式家具制作。正是这种木屑香的"熏陶"，决定了他一辈子与木头相连在一起，守望了广式家具七十多年。杨虾从小就当木工学徒，从十二三岁开始，每天放学回家就跟着爷爷、父亲学做木工活。"如果说我打小就喜欢与木头打交道，那都是骗人的话。"杨虾坦言，对于一个孩子而言，这活儿根本不好玩，辛苦得很，"光是把木头一条一条地锯开刨平，就要费很大的劲头，更别说开榫、打眼等木工中最难的一些工序。起初，往往累得我晕头转向了，

那木头还没有锯开多少。"但是，正因为父亲时常的提醒"要用心做事，才能做好，才能生存"，杨虾才坚持下来。后来又进入广州木雕工艺家具厂，从木工做到工艺师，才渐渐了解到家具设计的含义，全身心投入广式家具产品的设计和技改工作。

以杨虾为代表的"杨家将"在广州家具行业可谓是无人不晓，杨虾、杨广海及其堂兄弟杨三福、杨荣七也是木雕老行家，杨三福、杨荣七的几兄弟均是工艺美术师，算来杨家有二十多人从事广式家具。要知道，广式家具主要由木工和木雕组成，自古以来没有一个人能够独拥两技，而杨虾、杨广海兄弟正是各有分工，一人擅长木工，一人精于木雕。受哥哥的影响，杨广海 1962 年也进入广州木雕工艺家具厂工作，那时他只有十五岁半。十年之后，兄弟二人合作，倾注两年心血创作了轰动一时的《九龙床》。两米的大床，靠背上九条龙形态各异。没有任何参考资料，所有细节都是靠他们一边想象一边创作修改出来的。

"工艺要老，观念要新"，杨虾这一句话道出了广式家具传与承的关键所在。广式家具的创新，都是在保持传统中有所发展，既要融入追求现代的舒适感觉，又要保持传统的工艺不变，比如传统广式家具的制作不用钉子，而是用入榫的技法，一直坚持沿用。以往的家具都是正襟危坐，杨虾后来将靠背的角度加以弯曲，使人坐得更为舒适。

杨氏兄弟尽管一直以来生意不错，但对广式家具工艺日渐式微的担忧却越来越深。以前一个木工至少要四五年才能出师，现在有谁有耐性，坐得住这个冷板凳呢？又有谁愿意花上几年时间来熟悉工具呢？把这一门流传数百年的手工艺传给子孙后代，让其生根、开花，成为杨虾这位广式家具工艺守望者的最大期望。

现收藏在故宫博物院的家具大多是广式家具，如紫檀点翠嵌牙人物插屏、交叉腿镂雕酸枝大椅等，广式家具工艺反映了一个时期家具制作的特殊风格和艺术特点。好的工艺需有好的木材作保障。广式家具的原料要求上好的硬木，但好的硬木的成材期长，现在酸枝、紫檀一类的名贵木料日益稀少，使得取材厚实、喜好大块木料的广式家具取材困难。随着时代的发展，材质日益稀缺已经成为手工业发展的一大难题。

璀璨亮丽——木雕宫灯

　　广州木雕所用木料主要是红木（酸枝木、紫檀木、花梨木、坤甸木）、樟木、柚木等，其制成品主要包括广式家具雕刻和建筑装饰木雕两大类，另外还有红木小件和红木宫灯。

🔸 木雕宫灯

广州木雕历史

说起来，广州木雕已有2000多年历史，广州三元里马鹏岗西汉前期汉墓出土的武士俑和骑马俑就是木头雕刻的。三国到唐代时期，佛教僧人由海路来广州传教，光孝寺、六榕寺、华林寺等佛教寺庙建筑上就有木雕装饰。宋元时期，建筑业兴盛，木雕装饰大量用于各类建筑和庙堂，现藏于广东省博物馆的唐代木雕菩萨像和北宋木雕罗汉像都是广州木雕艺人所作，这些佛像全是圆雕作品，形象生动，其服饰与神态等都清晰地反映了当时的社会风貌。明代以来，广州成为中国最重要的对外贸易口岸，从东南亚各国输入大批红木，刺激了广州木雕业的兴起。明代隆庆元年（1567），木雕业已建立行会，按工艺分设三个堂口：雕花的为"广兰堂"，装料的为"务本堂"，刮磨的为"光远堂"。该行业多分布于小新街、麻行街、走木巷、绒线街、西华里、濠畔街、南胜里、西来初地、河南尾等地。清代，是广州木雕发展的全盛时期，在建筑装饰和红木家具装饰两方面都形成了繁复而精细的艺术风格，清代顺治、乾隆、同治各朝均进行过重修的仁威庙和光绪年间修建的陈家祠（即陈氏书院）是清代广州木雕艺术的集中反映。上文说到闻名遐迩的广式家具，无论是炕床、台椅，上面都是雕满了龙凤雀及梅兰竹菊等吉祥物体，甚至在一套酸枝大理石台椅上可雕刻百个福字及各种龙凤狮头。广式家具中的精美雕花得到清朝皇帝的称赏。

　　说到这，人们也许会问，上文所说的广式家具与广州木雕是不是同一行当。确实，广式家具与广州木雕用的材质是一样的，但两个工种有区分。清代时建立的广州酸枝花梨同业工会，下分家具行和木雕行，木雕行也分大花行和小花行，大花行专事寺庙等建筑装饰雕刻，小花行则做家具雕刻及其他小件物品。这就是说，做家具得请木雕行的来雕花，但做木雕的就不一定会做家具，技艺不一。清代广州木雕已经形成独特的艺术风格，即精、绝、古、神、形、态。精，是精工细做；绝，是设计独特与众不同；古，即古色古香，传统皇宫大内家具样式是红木的名牌；神，指有传统文化的神韵；形，指雕工手法要多样；态，指图案要有动感。我们在珠江三角洲一带所见的祠堂和四大名园大都用广州木雕装饰，技法主要有沉雕、浮雕、通雕和圆雕四种，其中以半立体通雕最具特色。

　　清代中晚期，著名的木雕店号有三友堂等。关于三友堂如何起家，有这样一个说法。

　　从前，有三位好友，做的是担着箩筐上街收购旧物的营生，俗称收买佬，其中来自佛山的姓何，来自佛山三水西南的姓赵，来自广州的姓许，人们分别称他们为何三友、赵三友、许三友。广州的许三友自幼家贫，但人极聪颖。一日，许三友担箩经过西关某大宅，被主人叫住。原来主人是官宦世家，家中不少古董、家具器皿，自女儿出嫁后，他孑然一身，想卖掉所有器物回乡隐居。许三友入内观看，发现其中不少是精品，但他没有那么多钱买下。于是，许

● 陈家祠的木雕

三友便请主人宽限几天让他凑钱。许三友立即找到何三友和赵三友，三人一合计，认为买下这笔古董再转手卖出，可做一笔大生意，于是想尽办法凑足款项，买下全部旧物古董。果然，他们赚了许多钱，这笔资金成了三友堂木器店的开办经费。后来，三友堂网罗木雕艺人，锐意经营，成了名扬粤港澳的木雕店铺大号，如今广东、香港、澳门乃至东南亚尚存的祠堂、寺庙、名建筑的建筑装饰木雕，不少是三友堂当年制作的。三友堂木雕，成了广式木雕的招牌之一，其雕工雄浑、粗犷、生动流畅，刀法洗练、刚劲有力，以深浅浮雕、圆雕、镂通雕、镶嵌等多种表现手法，显现出明快大方、格调高雅，具有强烈装饰性的特点。广东民间工艺博物馆（陈家祠）内不少木雕建筑装饰都是当年三友堂所造。

红木宫灯与罗昭亮

红木宫灯是广州木雕的一种，广州红木宫灯有挂灯、座灯、壁灯、提灯、柱灯、风灯、走马灯等多种。清朝时，红木宫灯多是贡品，宫灯要雕刻龙头、凤头、洋花等，屏面大都是罩纱，上绘以吉祥图案或山水画，挂在宫廷和各大名园、祠堂里，显得华丽古雅。在此我们介绍一位当代的红木宫灯制造人罗昭亮。

广州曾有个中华宫灯厂，年产宫灯万余只，多用于出口和大型庭院建筑装饰，花色品种有 100 多个，包括三角形、方形、菱形、六角形等款式，还有走马灯、吸顶灯等。这些宫灯都是手工制作，用好木。至 20 世纪 90 年代，在滚滚而来的经济大潮冲击下，手工艺品又贵又没市场，国有宫灯厂被迫倒闭，手艺人无奈改行。当厂方要清除积压的存货和木料，把它们当柴火贱卖时，罗昭亮把它们视为至宝，全部收购起来，他心里有个宏伟计划，别人不做宫灯，他偏要做。

罗昭亮是个什么样的人呢？他既不是木工，也不是商家。他出生在广州

🔺 罗昭亮所制宫灯

西关，做了一辈子木雕宫灯的老艺人罗启洲是他的叔叔。少年罗昭亮对宫灯记忆最深的有两件事。一件是叔叔经常讲起时任广东省委书记的陶铸来宫灯厂看望他们，还与手艺人握了手。另一件事是，孩童时的罗昭亮每日放学经过大南路的宫灯厂，看到厂里挂着各式绚丽的大小宫灯，他常常着了迷地站在橱窗外，盯着那美丽的宫灯流连忘返。1956年，他初中一毕业就志愿参加开发大西北的队伍，成为中国首批赴新疆支边的青年，一年后全国开始"反右"，17岁的罗昭亮被莫须有地打成右派。幸好罗昭亮生性开朗，什么都难不倒他，在新疆支边6年，做过勘测、模具、建筑，下过矿井，开过荒，还办过展览，直到20世纪60年代中期他才回到广州。在广州，他做过机电、印刷、加工等行业，还在化工行业当过技师，后转行开了间摩托车配件店，赚了一笔钱。掘了第一桶金后的罗昭亮最想干的事是圆他心中的一个梦，因为不管他走到哪里，不论生活之路多么曲折崎岖，那些富丽典雅的红木宫灯始终在他脑海闪着光芒。

20世纪90年代末，此时中国的改革开放已进行20余年。历经蹉跎的罗昭亮觉得圆梦的条件成熟了，尽管他已经近60岁，但几十年来积累了丰富的人生经验，他还懂得绘画、音乐和盆景艺术。他明白民间艺术的各个门类是相通又各自独立的，他有信心将传统红木宫灯艺术延续下来，于是才有上文所说的把厂里的"废料"带回家。罗昭亮把老家祖上留下的上千平方米烂地平整修建好，建造

了一些房子做仓库，把做宫灯的上百吨酸枝木料放进去，把村里已经废弃多年的丰兰书院，改造成一个宫灯制造厂，取名"艺华美术工艺厂"，开始了他的木雕宫灯事业。

罗昭亮身上有股"气"，他想做的事不但要做成，而且要做得最好。为此，罗昭亮日夜沉醉于各式宫灯款式、材质、纹理的研究。红木宫灯雕刻工艺是与榫接技艺相配合的，挑花、刮磨与组装形成循环工序，小部件的挑花在榫接处只作粗雕，待组装刮磨后再细雕，这样能保证纹样在整体上接合流畅，同时又结构坚固，经久耐用。这与建筑装饰木雕一脉相承，异曲同工。还有，传统的酸枝木眼细，木纹清晰，深浅不一，要将坚韧硬朗的红木制作与现代的科技结合起来。2004 年，罗昭亮推出其成名作——一对直径 1 米多的《中国走马子母宫灯》。此灯以花梨木雕刻制成，灯架以六条盘龙代替了传统的方木条结构，顶花以六只凤镶彩贝取代了传统的通花，六匹精雕奔马使走马灯名副其实。2006 年，罗昭亮创作的大型走马红木宫灯《华夏之夜》参加广东省第二届民间工艺精品展，这个高 3 米的巨型红木宫灯带动着三百多个大小宫灯缓缓转动，流光溢彩，璀璨夺目，令整个展区生色，该宫灯获得金奖，实至名归。后来，在 2008 年北京奥运会及 2010 年广州亚运会上，在广州每年的迎春花市等场合，罗昭亮制作的各式红木宫灯都璀璨夺目地闪亮登场。罗昭亮这位老人用了十年工夫，也经历了好些坎坷，甚至把自己的房屋拿来做抵押借款，只为了做宫灯。就这样，原来堆积在他家上千平方米空地的红木碎料差不多做完了，他又到家具厂收购木料。如今，在广州及至珠江三角洲一些大的祠堂及大型的公共场所，人们所见的传统红木宫灯大多是他的作品。一到节庆，罗昭亮的走马红木宫灯就焕发其精美绝伦的光彩，看到男女老少乐呵呵地观赏着他的宫灯，罗昭亮的心就如喝了蜜糖般甜，他的心愿达到了，他将广州的红木宫灯工艺传承下去了。下一步，他还要把宫灯做强做大呢！

广州木雕是"广派"木雕的代表，与同属岭南木雕的潮州木雕在风格上有明显的差异。"潮派"以髹漆贴金木雕著称于世，广州木雕则注重保留木料的天然纹理，打磨光滑，髹漆明亮，配合各种形象的雕刻，形成天工与人工相结合的风格效果。

玲珑名贵——广州玉雕

广州玉雕是以翡翠玉为原材料进行雕刻的传统民间手工技艺。玉石的质地坚硬细密，光泽瑰丽多彩，是极其贵重的雕刻原料。

玉器是民间最珍爱的一种饰物，不要说王公贵族，就是寻常百姓家，也喜爱戴玉镯、玉佩或揣一个玉观音和玉佛爷，因为玉不但高贵，而且人们认为它能辟邪。玉来自石，玉石不琢不成器，从山下挖出一块其貌不扬的玉石，得经过工艺师精心的加工，才能成为一件造型典雅秀丽、玲珑剔透、人见人爱的玉雕工艺品。说起来，以广州为中心的岭南玉雕已有数千年历史了。

广州玉雕历史悠久

广州飞鹅岭一带的人类遗址中，出土了距今四千多年的新石器时代的完整玉环及残玉环各一件；在广州西村的秦代墓葬中，出土了大玉璧、玉印、玉带钩等器物。距今两千多年的汉代，广州已有官办玉器手工作坊。那年代的玉器可不是一般人持有，而是权力、身份和宗教神力的象征。在广州象岗山出土的西汉丝缕玉衣，是我国迄今所见的年代最早的一套形制完备的玉衣，充分体现了古时广州的玉雕工艺已有较高的水平。

唐宋时期，广州玉器工艺品主要用于祭祀神器、宫廷装潢、玩物珍宝佩饰。广东民间工艺博物馆所藏的唐代白玉凤首，玉色晶润，雕工精美。广州博物馆所藏的宋代玉狮，琢工精细，造型优美，足见唐宋时期广州玉雕的水平。

明清时期，广州优越的地理位置和作为中国对外通商的主要口岸，保障了玉雕原材料的来源。许多玉商从缅甸获得玉石原石后，送来广东切磨，使广东成为世界玉雕的主要地区，各地能工巧匠集中到广州，民间玉器生产经营蓬勃发展。清代道光年间（1821—1851），该业出现行会组织，制定了严格的行规和学师制度。

民国十八至二十五年（1929—1936）是广州玉器行业的鼎盛时期。当时广州社会比较安定，经济比较发达，人们对金玉装饰的需求增加；缅甸的翡翠玉源源不绝地进口，玉雕业得以迅速发展。最盛时，玉雕业大小工商户达四千多家。那时广州玉雕生产饰品的技艺冠绝全国，西关长寿路玉器圩就是著名的珠宝玉器集散地。

中华人民共和国成立后，玉器行业空前繁荣。1953年广州组成生产合作社，1957年后合并为南方玉雕工艺厂。至20世纪80年代，广州南方玉雕工艺厂发展到拥有职工742人的大型企业。

广州玉雕特色

广州玉雕产品以玉器首饰和玉雕座件为主要代表。首饰有手镯、戒指、朝珠、翎管、扳指等，座件有人物、花卉、鸟兽、瓶罐等，加上独具风格的玉球、花航、宝塔、素炉等高级工艺品，共同构成了广州玉雕的小世界，在造型设计、雕工技法等方面都形成了鲜明的地方特色。和北京、扬州、上海的玉雕产品并列，广州玉雕被公认为四大派中"南派"的领头羊。

相对于北派的庄重古朴，广州玉雕在镂空雕、多层玉球、镶嵌等技术上非常精湛，玉雕工艺品多造型典雅秀丽，轻灵飘逸，玲珑剔透，突出了岭南文化的内蕴，形成"南派"风格。

广州玉雕工艺品主要分为玉器首饰和玉雕座件两大类。玉器首饰品种以手镯、戒指、朝珠、翎管、扳指为多。玉雕座件主要有人物、花卉、鸟兽、瓶罐，还有独具风格的玉球、花瓶、宝塔、素炉等高级工艺品。玉雕座件产品在广州有悠久的历史。在象岗山第二代南越王墓中出土的玉石件中，就有不少是座件，其中两件堪称珍宝，一是圆雕角形玉杯，二是两个玉人，这两件珍稀玉器在汉代玉器中也是少见的。广州玉雕座件的品牌主要有通雕鲤鱼座件、镂雕多层玉球和组合镶嵌花车、楼船、宝塔等大型玉雕座件，这些广州玉雕的品牌在国际上备受欢迎。

玉石也能像象牙那样制作镂雕多层转动的玉球吗？回

答是：可以。雕刻多层空心球是广州玉雕的绝活之一，但需要一大型玉雕座件将其衬托，这就更考师傅的全面技艺。1978年，广州南方玉雕厂设计创作了18层《百花精雕玉球》，该作品获全国科学大会成果奖。1984年，14层《佛塔精雕玉球》由国务院收购并列为国家珍藏品。

由广东省工艺美术大师蓝君基主持设计创作，用重达18吨的整块南玉雕成目前世界上最大的玉雕《翠玉子母球玉雕座》，整体高2米，宽1.38米，重约3吨，采用镂雕技法，球内套叠了8个球层，其大玉球内有8层套叠镂空球层，还镂雕4个直径18厘米的子球；每个球都可以自由转动，体现了广州玉雕的独门技艺与动感美。

玉雕还能经过组合镶嵌等工艺，雕成多层画舫。1997年受广东省政府委托，由蓝君基领头设计的大型玉雕画舫《一帆风顺》，作为香港回归时的礼物，由广东省政府赠送给香港特别行政区。

当代广州玉雕领军人物

近当代著名的广州玉雕艺人有吴桐、吴公炎、潘华柱、欧钊、周畅、谭明、关宝、麦溢、吴柳源、叶巨源、邓超恒、陈广等。精工人物的吴公炎师傅被称作"公仔炎"，他的玉雕代表作是《仙女下凡》《武松打虎》等；"花件王"潘华柱师傅雕的帆船薄得可在水上漂浮；叶巨源师傅绰号"狮子巨"，他用玉雕刻的狮子形态生动威武；欧钊绰号

"金鱼钊",他的玉雕代表作主要是金鱼,作品《群鱼共乐》曾获全国工艺美术展览优秀奖,《金鱼戏水》为国家博物馆所收藏。欧钊雕金鱼,在用料上独具匠心。他把一块方形的玉石,打斜角剖成两半,利用最阔的角位雕鱼脊,这样刚好够刻两条金鱼,既省工也大量节省了用料。

当代广州玉雕的领军人物是蓝君基、林德才和高兆华等。

这里着重说一说玉雕大师高兆华(1949—2020)。高兆华十几岁时就入了玉雕行当做学徒,对玉雕技艺门门精通。20世纪80年代改革开放初期时,他和太太从广州南方玉雕厂走了出来,自立门户开了间玉器厂。那时改革开放刚刚起步,玉器市场正处于上升阶段,高兆华的玉器手工好,市场的回报也高。但是,行业内什么人都有,有些人为了赚钱,什么都敢做,仿货假货太多,粗制滥造,玉器市场良莠不齐。好好的玉器市道做坏了,使原来做精品的人痛心疾首,可是高兆华师傅一心只是想做艺术,做精品,做艺术价值高的翡翠玉雕摆件。按理说,这些会给社会带来效益的,也应该给个人经济带来效益,可是搞艺术精品很不容易。在一浪一浪的经济大潮的推动下,玉雕大师高兆华的创作与市场磨合得很不利索,这使他吃尽了苦头。住房困难得不到解决,三代七口人同居一室多年,高兆华仍然坚守着打造自己的翡翠精品阵地,对公司请来的玉雕工不弃不离。他认为,人才资源是最宝贵的,玉器领域已如此差,再不凝聚这班玉雕艺人,以后的玉雕行业更难做好。

高兆华说起做的那件翡翠玉雕艺术品《欢乐海洋》，感慨良多。"我花了几万元将这一块翡翠玉石买下，想做几件精品饰件，可一开件，发觉里面的翡翠玉远不如我估计的那么多，其中一部分玉石还发黑，这是败玉呀。我一看就傻眼了，只好把它扔在一边，一放就是几年，可心里总有件事，总觉得这样'输'了，心有不甘。有一天，我和太太又对着那块败玉说话，玉呀玉，你可要我怎么办？说着想着，玉字就说成了鱼字，我太太说，为什么我们就不能把这玉变成鱼？我一想，对呀，那黑色的玉不正好是热带鱼的形态。这么一想，通了，这块玉又活了，我就将此玉雕成上十条热带鱼遨游的海洋世界。我从来没有雕刻

🔹 高兆华的作品《欢乐海洋》

过鱼，我就到芳村的花鸟虫鱼市场去看，去揣摩，去了十多次，画了好多张草图，终于将此玉化腐朽为神奇，雕成了一件精品。后来，这件《欢乐海洋》参加广东玉雕'越王杯'赛，获得优秀奖。"2004年，中国开始了非物质文化遗产抢救和保护工程，高兆华的状况逐步好转，他的翡翠玉雕《童趣——西关风情》参加广东省首届民间工艺精品展会，获得了银奖。高兆华不满足，又拿出了精品佳作《仿古鸳鸯三链瓶》，获第六届中国民间文艺山花奖·民间工艺金奖。高兆华的技艺精湛，入行46年，技艺越来越精，获奖越来越多，但他心中一直有一情结，要趁着自己还有精力，今生今世要做几件精品中的绝品，既有观赏性，又有艺术性，为后代留下一些广州玉雕的传世之作。为

🌸 高兆华的作品《童趣——西关风情》

此，高兆华酝酿了好些年，此事也折磨了他好些年。

如今，高兆华先生的心愿实现了，2011年，在广州市最高建筑广州塔上，高兆华展出了他多年来精心制作的60多件玉雕精品，特别是他耗费多年心血之大作《日月同辉》，作品之大气，设计之新颖，工艺之精巧，令人叹为观止。大型玉雕座件《日月同辉》可以说是穷极工巧，风华一绝。一是用料上的大胆突破，传统广州玉雕是以翡翠玉为原材

料进行雕刻的传统民间手工技艺，高兆华大胆起用了以前不被看好，近年价格节节攀升的黄龙玉为材料，成功地将一块长宽都约62厘米、厚9厘米的黄龙玉雕刻成3件一套的精品，取得空前的成功和突破。二是高兆华的作品设计理念大气，《日月同辉》先将九条璜形玉龙，从小到大镶嵌在基座上，正面看仿佛能透过一圈又一圈的玉龙透视巍巍中华五千年的历史；侧看九条玉龙组成一个向上的姿态，仿佛正要冲出云霄，翱翔天际。还有那五环，既像东汉时期伟大的天文学家张衡的浑天仪，又像一个和谐的五行形象符号，五个同心圆环既相连又能自由转动，呈现出一种万物祥和五环华辉的寓意。中间的大型圆雕"嫦娥奔月"以一个中华民族流传千百年的神话故事为题材，将"可上九天揽月"的豪迈气魄突显，使作品的浪漫主义主题风格表现得淋漓尽致。

🔹 高兆华的作品《日月同辉》

　　古人说，玉有五德，仁、义、智、勇、洁，这个标准一直影响着玉雕艺人高兆华，从艺46年来，他一直这样要求自己，将玉雕事业视为理想与生命，不论环境如何变幻，他始终坚守艺术信念。在传统的手工技艺随着全球现代化的加剧，普遍步入危机之时，高兆华一直站在时代前沿，对广州玉雕这一传统的非物质文化遗产不遗余力地传承和发扬。为此，他不断地去做培训，授徒数百人，为尽快全面培养新人，他甚至将全部技术公开，为传承、发展、繁荣玉雕事业做出非凡贡献。

　　2006年，广州玉雕入选国家非遗项目。2008年，高兆华入选为国家非物质文化遗产项目中的广州玉雕代表性传承人，当之无愧地成为南派玉雕的领军人物。

微工大艺——广州榄雕

广州榄雕是在一个手指头般大小、不方不正、不圆不扁的乌榄核上雕满动物、人物甚至各种景物，那是一种何等精湛的手艺！

🔸 广州榄雕

榄雕形似纤细，内实宏大，既保存了传统工艺美术的技法，也蕴含了岭南风物的古老神韵，且流传了四五百年，一些好作品还传到海外。

历史上榄雕以增城为最

从前，珠江三角洲一带是鱼米之乡，树木成林，广东的增城、番禺、中山等地方都种有很多乌榄树。尤其是增城一带，乌榄树特别多，年年结出丰硕的果实。乌榄的肉质结实，味道有些涩，人们多腌制成榄角，用来下饭。那些乌榄核多是丢掉了。于是，聪明的手艺人就选用一些大的榄核做榄雕。用特制的刀在这方寸之地，雕刻成舟船、人物、灯笼等景物，或者做成坠饰等工艺品，受到人们的喜爱。

广州榄雕早在明代已经流行。广州榄雕以增城为最，因为增城的乌榄核又大又好，适合雕刻。手艺人会把那些特别大的，榄核有 5 厘米以上的，用来制作舟船类；将那些长而尖的榄核，用来雕刻人物、佛珠等。后来，一些寺院的僧人还雕成榄核船售与香客，以示"普度"。清代时广州的榄雕艺术已达到了相当高的水平，乾隆年间，广州手艺人陈祖章被清廷召入造办处，他雕刻的榄核《东坡夜游赤壁》成为贡品，该作品今被故宫博物院收藏。清咸丰四年（1854），增城新塘人湛菊生（又称谷生）创作的榄核舫《赤壁游舫》（又称《苏东坡夜游赤壁舫》），工艺十分精巧，所雕的人物情态各异，栩栩如生，该作品也得以流传。

广州榄雕工艺造型秀丽、雅致，线条流畅、动静结合、细腻精微，其总体艺术特色可以概括为雕刻精细入微，形态小巧玲珑。同苏州一带的榄雕不同，传统的广州榄雕一般保持乌榄核原本的色调，不着意人工上色。从工艺门类方面分，榄雕属立体微雕类，其技法以浮雕、圆雕、镂空雕为主。

由于增城历史上是东江重要的码头，便捷的水上交通促成榄雕大批出口，增城榄雕在海内外颇具知名度，增城新塘有一批榄核雕刻艺术家，清代以湛谷生为代表。湛菊生（1802—1876），原名茂兰，号谷生，又称菊生，增城新塘人。湛菊生自小勤奋好学，文章出众，善于画画。他20多岁考中生员，后屡应乡试不中，干脆潜心做榄雕，技艺为当时一绝。湛菊生所用的刀凿全部由自己用精铁锻制，为刻榄雕，他在家中开一扇向东的窗户，太阳初升之时，即起来向着窗口雕镂。湛菊生的作品传世者不足10件，现珍藏于增城博物馆的《赤壁游舫》为其54岁时所作。这榄船船头有一张桌子，苏东坡、黄庭坚、佛印三人依案而坐，旁有一书童正拨火煮茶，舱后有一舵工正在昂首掌舵，一幼儿依膝仰首。桌上还有三个茶杯，旁边有凳子，此外有火炉、吊绳、蒲扇、木柁等，船舱8扇窗门通花镂雕都可以开闭，篷顶有白鹤、篷面有方格十字图案、篷檐有梅花荏。船头有锚带链，船底刻有《前赤壁赋》全文537字。在缝衣针大小的橹杆上刻"咸丰丙寅年湛菊生五十四岁"落款。

☝ 湛菊生的作品《赤壁游舫》

榄雕工艺师传承道路艰难

曾昭鸿是目前仍坚持创作的广州榄雕杰出技师之一。1972 年，18 岁的曾昭鸿刚中学毕业，来到广州大新象牙工艺厂当学徒，学的是榄雕技艺。1983 年，曾昭鸿的两件榄雕作品《龙船》《大宝鼎》获"广州市青年发明奖"；1984 年，其作品 4 层榄雕龙船获"广东旅游新产品优质奖"。正当曾昭鸿要在榄雕上大展宏图时，榄雕行业却一落千丈，1989 年，曾昭鸿不得不离开工艺厂。难得的是，曾昭鸿从没放弃过榄雕。他一天不拿榄雕刀，准会浑身无力，像大病了一场。为了生活，曾昭鸿当了一名普通工人，但下班回来他就继续榄雕。他的家中不富裕，有时兜里就算只剩下 10 元钱，他还是会坐 4 块钱的班车跑到增城去收购榄核。经过不断地摸索、研究，曾昭鸿的工艺越来越精，在只有 4 到 8 厘米长、1 到 5 厘米厚的榄核上雕花舫，竟雕出了精巧的 12 对门窗、上百种神态各异的人物，还有 6 条链子……他成功地运用镶嵌、镂通的技术，把多个榄核拼成

⤷ 曾昭鸿的作品《水乡风情》

一体，用镂通雕的技法，多姿多彩地表现岭南榄雕的艺术特色，而且多次获奖。

　　1957年出生于广州的伍鸿章，18岁开始自学雕刻，他精通竹木雕、骨雕等各门雕刻艺术，2000年，他开始专注于榄雕工艺，除了把其他雕刻工艺中吸取的经验应用于榄雕工艺外，还秉承广州传统榄雕的工艺特色，力求保持榄核的天然颜色。他擅长雕刻历史人物、瓜果、石榴、甲虫等。2006年，伍鸿章的榄雕作品《四大天王》赢得业内的广泛赞誉，该作品主要表现风、调、雨、顺的四大天王，只见增长天王手执利剑，以剑代表风；持国天王手抚一把木琴，琴音弹奏代表调；多闻天王手打雨伞，以伞代表雨；广目天王手绕一条灵蛇，蛇的顺势代表顺。作品采用浮雕和镂刻的技法，把四大天王威严维护正义的表情表现得生动形象。

🔺 伍鸿章的作品《水果八宝》（之一）　🔺 伍鸿章的作品《水果八宝》（之二）

广州榄雕工艺在过去的几百年中，曾一次又一次地在世人面前展示过其"鬼工"般独特的艺术魅力，如此袖珍的体积，却容纳着宏大的题材，表现着丰富的人物和故事，艺人的刀法实在是精妙神奇。可惜的是，由于乌榄树的种植越来越少，榄雕原材料紧缺，同时，榄雕的产值低、销路也不广，原来的榄雕工艺厂已不复存在，自主发展的艺人也是寥寥无几。如今，广州榄雕工艺已经被列入国家非物质文化遗产名录。

广东省文化部门已经有计划地组织民间工艺品展览会，以提高民间工艺品的知名度和宣传民间工艺品的价值。广东省博物馆也已经有计划地征集、收藏和展示当代榄雕工艺大师创作的精品。值得庆贺的是，曾昭鸿的独生子曾宪鹏也加入了榄雕工艺行业，他创新了榄雕非遗文化的推广与传承方式，开设非遗传承课，与父亲一起守护传统工艺。

朴拙传神——石湾公仔

"石湾公仔"是广东人对佛山石湾出产的陶器（陶塑摆件）玩偶的俗称。

粤语"公仔"，强调了这种泥塑体积较小、形象生动有趣、需近观把玩等特点。

石湾公仔

李白

鳳吹柳花滿店香
吳姬壓酒勸客賞
金陵子弟來相送
欲行不行各盡觴
請君試問東流水
別意與之誰短長？

石湾公仔陶艺

早在明清时期，石湾陶艺就已非常兴盛。明末清初屈大均在《广东新语》中有记录时人"石湾瓦，甲天下"的说法。

年轻一辈已不太熟悉石湾陶器。其实，在两广地区，包括港澳，到处可以找到它的身影。古庙老寺的屋脊上往往用鳌鱼、传说人物等雕塑来装饰，这就是"瓦脊公仔"。最漂亮、最闻名的当属广州陈家祠和佛山祖庙。在一些旧祠老宅里，天井处常放置一个硕大无比的水缸和几个形制讲究的花盆，如果仔细辨认，极有可能是石湾出产的。除了泥塑公仔外，石湾缸瓦也相当出名。时至今日，这些实用性器皿，如水缸、煲茶锅、煲汤锅等，几乎在每一个杂货店都能找到石湾缸瓦的身影。

我们常常将"陶瓷"合称，其实陶与瓷不尽相同。石湾出产的主要是陶器。虽然陶和瓷的制作都需要经过炼泥、造型、上釉彩绘、煅烧等几个过程，也就是我们常常简称的"泥、釉、火"三个重要环节，但制陶用的主要原料是陶泥、岗砂，而制瓷用的是瓷土，也就是高岭土。不同的材质导致陶器表面较为粗糙，而瓷器表面通常较为细腻，胎体也较薄。陶器的烧成温度在 1200 度左右，而瓷器需 1300 ～ 1400 度。由于陶器含砂，它的表面结构密度不大，非常适合用来煮食和养植物。这也是石湾缸瓦多用来煲汤、煲药、种花的原因。

石湾陶器历史悠久，与它优越的地质条件和地理环境密不可分。这个地方的陶泥、岗砂都非常丰富，且极易开采。明清时期陶业生产所用的原材料基本上是就地取材。及至陶业发展兴盛以后，本地的原料供应不足，还能依靠优越的地理位置，以水运解决原料问题。石湾位于珠江三角洲的腹地，与明清四大古镇之一的佛山镇（今佛山市禅城区祖庙街道内）相距只有几公里路。以便利的珠江水系为依托，石湾陶业生产所需的陶泥、砂子、木柴等从肇庆、清远、东莞等地以及西江上游的山区运来。同样地，这里出产的陶器也能便利地运往西江上游的广西、肇庆及下游的珠江三角洲、港澳地区及东南亚等地。在没有公路和铁路、没有汽车和火车，只能靠帆船和人力运输的年代，这种水运方式的优势尤为明显。

说到石湾陶器，最闻名的还是石湾公仔，也就是陶塑摆件。石湾公仔，大概兴起于清末，即19世纪末20世纪初。是怎样的因缘际遇，使石湾公仔从石湾缸瓦等日用器皿之中脱颖而出，开始受人关注呢？这就不得不提到第一代石湾陶塑名匠黄炳的故事了。黄炳，约生于1815年，原是花盆行（也就是制作瓦脊公仔的行会）的工匠，精塑鸟兽人物等。据说，清末张之洞到广东任两广总督期间（1884—1889），派人到石湾订制九大篮（九个大碗）陶塑模型。当时除了黄炳之外无人敢接这笔生意。黄炳制成之后，张之洞大为赏识，并把九大篮送入清宫保和殿，从此黄炳以及石湾陶器声名鹊起。黄炳塑造的陶猫最为脍炙人口，炳

炯有神的双眼，栩栩如
生的胎毛，优美灵动的
神态，是不可多得的陶
塑精品。当地坊间还流
传他的陶猫能吓走老鼠
的故事。继黄炳之后，
石湾涌现了一批陶塑名

上 黄炳的作品《猫》

匠，如陈渭岩、黄古珍、陈祖、潘玉书、潘铁达、梁百川、
梁醉石（梁福）、刘佐朝等。

　　这批名匠活跃于20世纪初期至中期，是石湾公仔一个
重要的发展高潮，石湾公仔逐步形成朴拙传神、民俗意味
浓厚的风格和地域特色。石湾公仔与其他陶瓷产区的陶塑
最不同的就是，它最大限度地发挥陶土材质的优点，显现
一种朴拙之美。陶土与瓷土由于其成分不同，陶泥掺入了
砂之后，其可塑性较瓷土强，这使陶土较瓷土在造型上更
容易达到或夸张或细腻的效果。陶土烧成后，颜色呈浅棕
色，瓷土烧成后呈白色。其他陶瓷雕塑的著名产区，如江
西景德镇、福建德化、广东潮州等地的瓷塑，都会在瓷塑
上施釉、彩绘等。而石湾的陶塑虽也施釉，但大多是以陶
土的原色表现人物、动物的天然肤色。这种不施釉或者少
施釉的特色，使石湾陶艺呈现出与瓷塑精致秀美不一样的
朴拙之美。石湾公仔以朴拙为表，重在表现传神。

石湾陶艺大师

👆 潘玉书的作品《瘦骨仙》

说到石湾陶艺朴拙传神这一艺术特点就不得不提 20 世纪初那批陶艺家，其中最重要的当数潘玉书。潘玉书，生于光绪年间，卒于 20 世纪 30 年代末。他是 20 世纪 10—30 年代石湾最杰出的陶塑艺人，甚至有收藏家将他比喻成东方的罗丹。他所塑造的陶塑人物，取材多来自身边的各色人物，擅长以精练的衣服纹饰、面相、动作、表情塑造人物，表现人物的神韵和丰富的故事内涵。他塑造的人物中，最精彩的有仕女、戏剧人物、市井人物等。他的《瘦骨仙》，很好地利用了胎泥原色与人物肤色相近的特点，不施釉也更能展现人物骨瘦如柴的特征。人物衣衫褴褛，胸肋骨突起，四肢瘦得只剩皮包骨，头微微侧昂向天，眼神幽怨隐忍。所谓"传神"，通俗来讲，就是作品能精准传达某个故事或某种情感，能给观众提供想象的空间。好的作品，能在作者要传达的"神"与观众领会的"神"之间构建直通的桥梁，让观众有一种心领神会的欣喜，又或者是能构建无数种可能，引发观众无限的深思。潘玉书的作品两种情况兼而有之。就如《瘦骨仙》，他

在跟观众说什么呢，是他可怜的身世，还是世道的艰难，还是坦然面对困境的坚韧……每一种可能都能让观众对社会、对人生有所领悟。这就是"传神"的动人之处，也是吸引无数石湾公仔爱好者把玩再三、一再回味的原因。

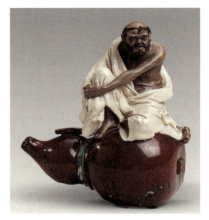

🔸 刘传的作品《铁拐李渡江》

比潘玉书晚一辈的石湾陶艺家中最著名的是刘传。刘传（1916—2000），曾跟潘玉书学师。刘传是一个非常勤奋、有天赋的陶艺家。他常常跟后辈提到他早年当学徒时的励志故事。在老板断言他是"四方木"（脑袋不聪明）和潘玉书守着"教会徒弟饿死师傅"的死教条刺激下，刘传用"偷师"的办法，将潘玉书的陶艺精髓学到手，并以此为基础发展出自己独有的艺术风格和陶艺理论。刘传的陶塑源自潘玉书，但又比潘玉书细腻、柔美。他的衣纹处理（即人物衣服上的褶皱，以此表现人物的动作、姿态）来自潘玉书，但他塑造得更为细腻到位，且不繁不简恰到好处，即使是当今著名的陶艺大师也未必能像他那么运用自如。刘传对各色人物的刻画有一套独特的理论，比如圆、厚的面相表现忠耿沉实，尖、薄的面相表现刁诈奸猾。这与传统戏剧的人物化妆和面谱塑造的特征是相通的，甚至

与传统绘画上的人物表现也是相通的。这既是他平时观察
入微的总结，也是中国传统审美和价值观在陶艺上的再现。

"朴拙传神" 的魅力

20 世纪 80 年代的石湾陶艺，一改六七十年代的现实
主义风格，呈现多样化的发展方向。老一辈的陶艺家纷纷
拾起传统题材，重现石湾公仔的传统之美。新一辈的陶艺
家，有的崇尚传统，在传统基础上有所创新和发展，有的
则另辟蹊径，以现代审美为旨趣，使石湾陶艺有了新的面
貌。前者的佼佼者有黄松坚、潘泊林、霍家荣等，后者则
有梅文鼎、曾力、曾鹏等。曾力、曾鹏是石湾最早发起现
代陶艺的创作人。他们的陶塑融合了中国民间艺术与现代
审美的多种元素，既有石湾公仔生活气息浓厚的特点，同

🌸 黄松坚的作品《春夏秋冬》

⬆ 曾鹏的作品《风雨同路》

时在题材与造型、胎泥用料、釉色运用等方面又有所革新。他们的陶塑是石湾公仔塑造传统的延续与发展。罗汉是石湾陶塑最传统的题材之一。以曾力的罗汉为例，他选择了头大身小、较为卡通的比例来塑造，以不同于传统的中规中矩的罗汉形象，令人耳目一新。其次，减少衣纹的刻画，以非常简练的手法表现人物的肢体动作，突出罗汉的面部表情。罗汉或笑容可掬或闭目沉思的神态，总引你会心一笑。曾鹏的《风雨同路》，可以说是传统石湾陶塑《和合二仙》的改革。芭蕉叶下，两个娃娃在风雨中依偎着，表达了对现实生活中爱侣最好的祝愿。今日的石湾陶艺，其发展依然是在传统和现代两条道路上摸索，如何在保留传统和地域特色的基础上有所创新成为当代石湾陶艺家的主要课题。

石湾公仔源于民间，用于民间。它不是官窑，所以没有景德镇瓷器富丽高雅的皇家气派。它用于民间，所以它不具备外销瓷华丽精美的贵族气质。它一直主要流通于两广地区，所以它有着浓厚的岭南地域特色和乡土情意。它总是展现最亲和、最贴心的一面，并以此打动你，这就是"朴拙传神"的魅力所在。

石湾公仔这一技艺一直发展兴旺，在国内外市场也十分畅销，不管传统也好，现代也罢，能打动人心的石湾公仔依然是人们把玩再三的心头好！

金纸铜箔——佛山剪纸

　　剪纸，顾名思义用剪刀在纸张上剪裁出图案，所用的工具和材料——剪刀和纸极其简单易得。正因为这样，剪纸艺术成为我国历史悠久，最具民族特色和地方色彩，最广泛、最普及的大众化艺术。

　　广州花园酒店大堂根据佛山剪纸《红楼梦》制作的装饰

剪纸看似简单、孤立，实则与民间游艺、民间文学、戏剧、歌舞、信仰、民俗有着密切的联系，它们相互交织在一起。它不仅是美的欣赏品，而且是民间文化的体现。

清代成行成市

传统剪纸是劳动人民为满足自身的物质和精神生活的需要而创造的。因此，北方和南方、东部和西部及各地的剪纸题材、用处各有不同，其艺术特征也不一样，它会随着浓烈的本乡气息和民俗寓意增加内涵，成为不同地域的特色民间艺术。

广东剪纸主要有流传于佛山地区的佛山剪纸和流行于潮州地区的潮州剪纸，传统广东剪纸以佛山剪纸最闻名。

如果来到广州的花园酒店，一进门，你会被富丽堂皇的大堂上的一大幅金碧辉煌的壁画吸引，壁画描绘的是《红楼梦》中"金陵十二钗"的故事，可你们也许不知道，这幅壁画是佛山剪纸（见上页图）。这幅《红楼梦——金陵十二钗》的纯色（金色）剪纸，是以林载华、张拔、潘保琦等为首的佛山民间艺术研究社历时数年完成的精品。作品中十二个故事人物以中心对称的方式展开，人物之间又互有关联，成组出现，使得整个画面平衡而又不刻板，协调而又生动。人物四周刻画了楼阁、树木、盆栽、假山等园林景物，以表现"大观园"这一场景。作品长达22米，宽6米，是中国剪纸的经典巨作。花园酒店历经三十多年，

几度装修，一直将这金碧辉煌的佛山剪纸作为镇堂之宝，挂在大堂当中，其装饰艺术的魅力令众多的海内外游客赞叹不已。

剪纸这个中国最普及的民间传统装饰艺术的历史已近两千年，现在已发现的最早剪纸实物是南北

佛山剪纸

朝墓葬中的动物花卉团花。有的学者则认为可追溯到汉唐妇女使用金银箔剪成方胜贴在鬓角为饰的风俗，早期的剪纸大约跟祭祀有关，杜甫诗中就有"暖汤濯我足，剪纸招我魂"的明确记载。佛山剪纸在民间流传的历史悠久，作为一门手工业已有四五百年。佛山剪纸结合当地民俗风情及手工业、商业发展起来，至清代逐步成行成市，并出现了行会组织。与佛山剪纸有关的门钱、磨花纸、蘸料纸、打铜、铜箔、朱砂红染纸、花红染纸、染色纸等12个行业一起蓬勃发展，有关的店号数百家，工人近三千人，他们所生产的蘸料纸、各色染纸都是佛山剪纸的材料来源。到了清代光绪年间，佛山仅经营剪纸的店号有三十多家，从事剪纸生产的工人超过三百人。产品除了供应广东省内之外，还行销中南、西南各省以及东南亚各国。

剪刻镂空艺术

剪纸是一种镂空艺术，在视觉上给人以透空的感觉和艺术享受。其载体可以是纸张，也可以是金银箔、树皮、树叶、布、皮、革等片状材料。佛山剪纸分为纯色剪纸、衬料剪纸、写料剪纸、铜凿剪纸四大类，根据用料不同，又可分纯色料、纸衬料、铜衬料、染色料、木刻套印料、铜写料、银写料、纸写料、铜凿料等九种。

剪纸手法分为剪和刻两大类。剪，多为随意剪制，每次两三张，如礼品花、灯花，乞巧节的烛台花、香案花、饼花等即以此法制成；刻，每次可刻 20 至 30 张，粗犷的图案可刻 50 至 100 张不等，便于大量复制。佛山剪纸所用刻刀大小不一，一般系随意磨制而成。我们常见的为纯色剪纸即大红剪纸，只有单纯一种颜色。纯色剪纸有一个特点，就是不画稿，人们仅凭记忆和想象，一手拿纸，一手运剪，直接将花样剪出。这种匠心独运的剪法极富创造性，造型活泼而富于变化。

佛山剪纸严格来说其实是"刻纸"，即用刻刀而非剪刀刻出图案造型。其制作工艺有以下几个步骤：先是设计者打底稿，然后将底稿拓制成多个纸板，接着将纸板与多张色纸（纸的颜色以大红为主，也会用其他颜色）装订成一叠，纸板放在首页，最后将这叠纸放在蜡盘上，依样以刻刀刻出成品或者半成品。用衬纸衬贴或者套上其他颜色的剪纸，这种工艺称之为"纸衬"。

　　最具特色的佛山剪纸，是用铜箔、银箔代替"纸"，进行刻、剪、凿、衬、绘等工艺，套衬上各种色纸和绘印上各图案，也就是铜衬、铜凿、铜写等类的剪纸。以铜箔、银箔的套衬绘色，佛山剪纸以金碧辉煌、色彩夺目、地方特色浓郁见长。

　　传统的佛山剪纸以民间日用为多，主要用于节日礼品、祭祀仪式、刺绣木雕、图案花纹等，即民间家庭装饰、节日装饰和商品装饰三大类。佛山剪纸的题材都是普通民众喜闻乐见的，诸如寓意吉祥的花鸟鱼兽、熟悉的戏剧人物和民间故事等，如龙、凤、鲤鱼、和合二仙、五福临门、乘龙跨凤、嫦娥奔月、八仙过海、天妃送子等。此外，各种节日庆典、婚嫁、祭祀当中也用到大量的剪纸，如春节，各家各户在门楣上张贴对联横额之外，还在横额之下张贴上五张带有吉祥寓意的剪纸，以寓意"五福临门"。

剪纸艺术家林载华

　　在此要说一说佛山剪纸的领军人——林载华，他为佛山剪纸艺术翻开了新的一页。1942年，林载华出生在非洲毛里求斯一个华侨家庭。10岁时，由于父亲离世，家境变故，母亲带着他和几个兄弟姐妹回到祖国，定居佛山。1960年，18岁的林载华进入佛山民间艺术研究社，师从民间剪纸艺术家梁朗生先生学习剪纸艺术，林载华虽然从来没有进过美术院校进行系统训练，但他以刻苦学习、认真钻研和大胆创新的精神，自觉深入社会、贴近生活，灵活巧妙地从

🔶 林载华作品《山村新貌》

版画、装饰画、中国线描画等诸艺术中广采博取，艺术创作上精益求精，在作品思想性、表现形式和审美意式等方面形成了自己独具特色的风格，开创了造型简约而优美、装饰精巧而秀美的佛山剪纸艺术风格，使佛山剪纸艺术焕发出强烈的生活气息、地方特色和艺术魅力。经过 40 多年来锲而不舍的钻研、积累、完善和创新，林载华成为佛山剪纸艺术的代表人物，在国内剪纸界同行中享有很高的知名度。1984 年春季，广州花园酒店要在大堂安装一幅平面雕刻作品。创作该作品的任务，落在了有着 500 多年剪纸工艺历史的佛山市，任务自然落在一批造诣很高的剪纸艺人身上。佛山民间艺术研究社挑选了林载华、张拔、潘保琦、邓本圻组成创作小组，很快，佛山民间艺术研究社就提供了《竹林七贤》《红楼梦——金陵十二钗》《西厢记》等 5 个方案，花园酒店经过反复比较，选定了剪纸作品《红楼梦——金陵十二钗》，由林载华等人完成，成品放大成长 24 米，高 6 米的黑云石镶金大型壁画。佛山剪纸这一民间艺术，通过林载华等人的努力，走进国内主流艺术殿堂。由他主创的《红楼梦——金陵十二钗》《水乡》等一批剪纸形式的大型装饰画，创造了如花园酒店那样极具民族气派的富丽堂皇的现代装饰效果，开创了佛山剪纸艺术与现代大型建筑装饰艺术相结合的先河。

佛山剪纸成为人们装饰家居和公共大型场所的工艺品是在 20 世纪 50—80 年代。但是当下，佛山剪纸这一手工产业面临着严峻危机，佛山剪纸专业人员队伍青黄不接。2006 年 5 月 20 日，佛山剪纸被列入第一批国家级非物质文化遗产名录。

除了佛山剪纸，广州剪纸和潮洲剪纸也是民间艺术中的珍品，有不少剪纸艺人从事并热爱着剪纸艺术。他们用一把纤巧尖利的小剪刀或刻刀，就能创造出千姿百态、题材广泛、造型各异的剪纸艺术品。剪纸的题材有戏曲故事、历史传说人物、花鸟虫鱼、飞禽走兽、梅兰竹菊等装饰性很强的图案物象，寄寓着吉祥喜庆的美意，表达了人们对美好生活的向往。

金漆镂雕——潮州木雕

　　明清以来，广东东部的潮安、揭阳、潮阳、普宁、饶平和澄海一带，木雕艺术异常发达，具有鲜明的地方特色，自成一个体系。因为这几县都旧属潮州府，人们便习惯地称为"潮州木雕"。

🔸 潮州木雕

木雕用于建筑和家具的装饰在我国有好几千年的历史，它是与广大群众关系最为密切的民间工艺形式之一。

潮州木雕有着浓烈的地方色彩，常将木雕贴上金箔，一方面防腐，一方面达到金碧辉煌的艺术效果，又称为"金漆木雕"，这是与广州和其他地区木雕的最大区别。

历史与题材

潮州木雕出现在唐开元年间，现在潮州开元寺中的木结构斗拱、屋檐等处的木雕装饰，以及在醒目处悬挂的一条木鱼，是距今约 1400 年前的工匠雕刻而成的，刀法虽然简朴，但线条细致。到了明代，潮州人重修开元寺，在建筑物上大量采用金木雕和神龛木雕。在清代，潮州木雕艺术更是发展到一个高峰。

潮州人的生活讲究精致，在潮州地区会发现许多房屋的门、窗、前廊的梁架、柱头等显眼的地方都用精美的木雕作装饰。家具方面，大则屏风、几案、床榻，次则橱柜、椅凳，小至放灯芯、盛纸煤（旧时用于引火的细纸卷）的筒子，都要大加雕饰，而与祭祀有关的神龛神轿、馔盒、炉罩、烛台等，更是雕饰得金碧辉煌。

☝ 清代潮州木雕《七贤上京》

在庙堂，大型木雕更是丰富多彩，题材内容多数来自民间为人们所喜爱和熟知的神话、传说、戏曲和历史故事，如颂扬勇敢和机智的《苦肉计》、追怀先贤的《兰关雪》、赞美纯真爱情的《陈三五娘》等；也有些直接反映了当时社会生活的《渔樵耕读》《修房盖屋》等。

丰富的题材内容，复杂的装饰要求，促使着艺人们探索、创造出多种多样的形式与手法。根据不同的题材、不同的装饰部位，他们把各种类型的浮雕、圆雕、通雕、线刻，或单独，或相间，或综合地灵活运用。其中最有代表性，也是最卓越的创造，就是穿透、镂空、多层次的通雕。

陈氏的通雕一绝

说起"通雕"，就要说一下"虾蟹篓"，这是潮州木雕一绝。螃蟹鱼虾，在鱼篓内外爬行，或争或斗，惟妙惟肖。创造这一镂空通雕的木雕技艺，是国家非物质文化遗产代表性传承人陈培臣家族。

陈培臣出身于潮州意溪镇莲上乡，意溪镇是著名的"潮州木雕之乡"，清末时便已家家有木雕作坊、户户有木雕师傅，乡间走出了多位木雕大师。潮州木雕技艺在意溪镇薪火相传，至今不衰。陈培臣的父亲陈舜羌9岁起师从潮州木雕名师陈春炎，潜心学艺，后拜张鉴轩大师为师，他酷爱木雕艺术，刻苦钻研，精益求精，技艺达到炉火纯青的地步。中华人民共和国成立后，潮州木雕获得的第一个国际大奖，是陈舜羌和他的师傅张鉴轩合作创作的第一个立体通雕《蟹篓》。从这次变革性的创作起，虾蟹篓从房屋梁上的装饰品变成了立体的四面可观的艺术品，此后，"虾蟹篓"也成为陈家的拳头作品。

陈培臣从意溪镇里走出来跟父亲学艺时，只不过13岁，仅读过三年书，辍学后，陈培臣的学习兴趣都在木雕上，他跟随潮州木雕大师、父亲陈舜羌操起刻刀学木雕。从那时起，陈培臣便与潮州木雕结下了半个世纪的情缘。

陈培臣大师等创作的木雕作品《龙虾蟹篓》

1957年，陈舜羌和他的师傅张鉴轩合作的轰动木雕界的《蟹篓》，只是由一个蟹篓和七八只螃蟹构成，后经木雕艺人们不断改进。到了1998年，陈培臣大胆创作，用一根高达2.2米，直径0.8米的原木创作了一件《龙虾蟹篓》，在这个作品中，陈培臣在一根原木上雕出了两个蟹篓，蟹篓之间用一根逼真的绳子相连，18只龙虾、28只螃蟹遍

↳ 陈培臣的作品《岭南佳果》

布蟹篓内外，还有些螃蟹是用钳子夹挂在绳子上。浪花、菊花更为这个作品增添了色彩。这一由一根原木雕出 46 只虾蟹的作品问世后，获得了广东省首届工艺名家名作展金奖。

陈氏潮州木雕两次进入人民大会堂广东厅，成为一段佳话。

第一次是在 1979 年，陈舜羌赴京参加北京人民大会堂广东厅的雕饰装修。当时，年仅 29 岁的陈培臣已经是一个技艺熟练的木雕师傅了，他跟随父亲参与了广东厅的雕饰创作。2000 年，《岭南佳果》被广东省人民政府选送往北京人民大会堂，镶在广东厅的屏风上。《岭南佳果》是一件双面通雕作品，陈培臣在高 1.2 米，宽 1.2 米，厚仅 0.1 米的木头上雕出了芭蕉树、木瓜树、荔枝树、菠萝树和飞鸟等等，非常有岭南风情。

陈培臣经历了刻苦的磨炼和几十年的木雕创作实践，并在继承前人技艺的基础上，大胆探索，敢于标新立异，把潮州木雕技艺推进到一个更高层次。其作品无论在花鸟、水族、人物，还是浮雕、圆雕、多层镂通上都功夫扎实，技艺精湛。在造型构思上，他力求新的突破，既保持传统的结构，又赋予新的立意，特别是《龙虾蟹篓》的创作，在继承传统工艺特色的基础上，变大求新，从原来单一模式向多元模式发展，甚至创造出更大的簝中有簝、内外多层镂通的"龙虾蟹簝"，使这一"拳头"产品更多姿多彩。

民间工艺要生生不息，需要薪火相传。陈培臣从20世纪80年代开始带徒弟，一直到现在，现在的徒弟中，包括了自己的儿子陈树东。

潮州木雕，是我国的一项宝贵的文化遗产，潮州市政府拨出一幢三百平方米的楼房给陈培臣作为"潮州木雕艺术馆"，陈培臣将其命名为"陈舜羌艺术馆"，以此纪念其父亲对潮州木雕的一生挚爱及勇于创新的创作精神。

研墨润泽——肇庆端砚

　　肇庆端砚是指出现在古端州（今肇庆）一带的砚墨制作传统工艺，和纸、笔、墨一样，对传播中华民族文化艺术起着重要的作用，在文房四宝中最具收藏价值。

☝肇庆端砚

端砚始于唐

我国最早的砚始于秦汉时期。唐朝以来，我国出现了端砚、歙砚、洮河石砚、澄泥砚四大名砚。肇庆市是四大名砚之首——端砚的故乡。肇庆古称端州，端砚因此得名。端砚早在唐代已具盛名，其石品优良，石质坚实细腻，素有"发墨不损毫""天寒不结冰"的特质，关于这点，民间流传着这样一个美丽的传说：晚唐时端州有个姓梁的举人赴京会试，应试之地京都正降大雪，天寒地冻，考场内应考的举人们研出的墨汁都结了冰，唯独端州的梁举人在端溪砚台上研出的墨汁不结冰。后来，他考中了进士。从此，端砚因其石质坚实、润滑、细腻，研墨不滞、发墨快以及研出的墨汁颜色经久不变等特点名扬天下。

端砚是集雕刻、绘画、诗词、书法、篆刻等艺术于一体的艺术品，历代帝王、文人雅士留下了大量赞美端砚的诗词、著述、砚铭、传说、故事、对联、谜语、书画等，它们共同形成了完整的端砚文化体系。不同时期的端砚特点各有不同。

唐代的端砚形制较为简单、古朴，注重供研墨之用。砚形多为箕形，还有八棱形、长方形、方形等。宋代的端砚实用和欣赏两者并重，形制比唐代丰富，据宋代叶樾《端溪砚谱》记述有50种之多，宋砚除了重视石质及石品花纹，也重视雕刻。元代端砚上承唐宋遗风，粗放而大气。明代名坑砚石的开采比较齐全，不少优质老坑（水岩）砚石被开采出来；在雕刻方面非常讲究，以浅刀雕刻为主，以细刻、线刻甚至微刻配合，明代端溪砚多在砚底、砚侧镌诗、刻铭、题款。清代的端砚已是集雕刻、绘画、书法、篆刻等艺术门类于一身的文房珍品，端砚的制作在砚材的种类、砚的形制、雕刻技艺、石品花纹的品评等方面，都有许多新的创造。制砚工艺精致、刻工纤巧，甚至连搭配木盒的装潢也都十分讲究，有的砚盒镶嵌美玉、象牙，或金线银线。嘉庆、道光之后，端溪砚石的开采逐渐减少，端砚更多地由实用变为单纯的文玩之物，成为摆设文房（书斋）中的欣赏品或珍藏品。到了现代，端砚步入了工艺美术的行列，成为中国工艺美术百花园中的一朵奇葩。肇庆市拥有的端砚生产企业 100 多家，端砚作坊 400 多户，从业人员 3000 多。作为端砚故乡，肇庆市被评为"中国砚都"。2006 年 5 月，国务院公布的中国第一批国家级非物质文化遗产名录中，肇庆的"端砚制作技艺"光荣入选。

端砚之乡白石村

端砚制作技艺是端砚艺人在长期与大自然相处中产生的，是指从采石到成品的整个制作过程的技艺，它包括人文、历史、地理和环境等相关的各个方面，蕴含着独特的手工业传统文化、民风民俗等。在1300 多年的历史发展中，端砚艺人在制作端砚中，因地制宜，因材施艺，不断总结经验，形成了一整套制作技艺。

一方端砚的问世，要经过从探测、开凿、采石、运输、选料、整璞、设计、雕刻、打磨、洗涤、上蜡、配装等 10 多种艰辛而精细的工序。开采砚石无法机械化运作，只能以手工为主。历代采石工人都是按石脉走向，顺其自然向深层采掘，从接缝处下凿。采出来的砚石如能有三四成可用，已属难得。

如今，肇庆的制砚人大都集中在该市黄岗镇白石村。白石村是一个只有 1000 多人的自然小村。走进村里，屋门前、瓜棚下、村道旁、厅堂里到处可见人们埋头刻砚的场面，村子里全是家庭作坊式的端砚制作坊，林林总总，让人目不暇接。白石村有九成以上的家庭从事制砚，较大的制砚作坊超过 50 家，全村每年产砚约 8 万件，总产值近亿元。

提起端砚的兴衰历程，村民李顺源很有感慨。他回忆说，20 世纪 80 年代，为了挣钱养家糊口，他背着四块沉重的砚石坐了两天一夜的火车到北京找买主，结果在北京的一家古玩店，碰到了 20 多个同他一样背着大袋小袋端砚找寻买家的同村人。后来，当地政府对白石村进行新的治理，目标是将白石村打造成以端砚文化为依托，集端砚制作、研发、展览、旅游为一体的中国砚文化旅游基地、文房四宝的集散地。近年，白石村的端砚市场呈现了前所未有的繁荣景象，端砚这张"名片"越打越响，许多端砚销往日本、东南亚的一些国家，有的端砚价格高达十余万。

端砚制作技艺人才辈出

　　端砚制作技艺代表性传承人程文是黄岗镇白石村人。白石村有上千年的制砚历史，程家是当地著名的民间制砚"四大名家"（蔡氏、程氏、罗氏和郭氏）之一，白石村的端砚艺人是一辈辈相传下来的。程文的叔叔程四是当时端砚界的名家。12岁时，程文跟着叔叔学制砚。头两年，他学习采石等基本技术，由于基础扎实，在正式学习雕刻后，仅用了半年时间，程文就出师了。程文是个有心人，他经常留心一些祠堂、庙宇上的雕刻艺术手法，将灰雕、木雕、砖雕的艺术手法融入端砚的雕刻艺术中，形成了自己的风格。1975年，程文用一块有石眼的宋坑砚石，用石眼作月亮，雕刻成《貂蝉拜月砚》。当年，该砚因其构思独特，被选送参加广东省第一届工艺美术作品大赛，程文也因此在业界崭露头角。之后，他在传承平雕、浮雕、高浮雕和线雕等制作技术的基础上，又创作出立体造型等新派潮流，发展了程氏传统雕刻艺术中的质朴、古拙典雅、粗犷豪放、浑厚凝重的审美特征，成为程氏端砚技术新一代的传承人。

　　为传承光大端砚技艺，从20世纪70年代开始，程文广收弟子，毫无保留地将绝技相授。如今，程文的徒子徒孙们遍布四邻乡里，不少已经成长为端砚行业的主力军，其中多人还被政府评为制砚名师。"只要是对端砚制作有兴趣的，我都愿意教。教授的第一步是运用线条，要懂得

使用工具；其次才是画图、开凿，讲解艺术结构原理，让学生理解和表现艺术的神韵。"程文衷心地希望他的开放式教学可以把端砚这种传统工艺发扬光大。除了上门拜师的正规徒弟，程文还不断开班授徒，毫无保留地传授自己的"绝技"。如今，令程文感到欣慰的是，随着近年来政府对端砚的宣传推介，端砚的地位也越来越高，村里的不少年轻人，都愿意加入端砚制作这一行列里来，继承祖先遗留下来的传统工艺。如今的白石村，几乎家家户户制砚，历史文化氛围十分浓厚。

在端砚工艺美术界，耳熟能详的全国知名工艺大师有很多，如罗星培、罗耀、黎铿、刘演良、梁弘健、钟创荣等，他们无论是山水、人物、花鸟等创作，还是篆刻、书法方面，无不精益求精。尤其是在作品的构思和雕工上都特别讲究，

● 黎铿的作品《星湖春晓》

将传统的端砚艺术和现代感结合，在艺术表现力上更符合现代人的审美视角。也正因为如此，这些大师们的作品一直受到端砚爱好者的认同和追捧。

当今端砚的领军人物是黎铿，他是国家制砚专业委员会主任、中国工艺美术协会常务理事，曾获全国"五一劳动奖章"，被评为全国劳模、全国优秀科技工作者，享受国务院特殊津贴。他的作品《七星迎珠砚》被肇庆市人民政府作为礼品赠送给香港特别行政区政府；《中华九龙宝砚》被人民大会堂珍藏。

端砚以其浑厚的文化底蕴和特质，成为中华民族的骄傲。用古话来说就是"四宝砚为首，砚以端为上"。端砚被视为中国最古老的商业品牌，发展至今，已从实用品逐渐演变为欣赏品和珍藏品。

屋脊装饰——广州灰塑

　　中华传统建筑装饰一般有"三雕"：砖雕、木雕和石雕，但广东珠三角一带的传统建筑装饰则多了一种装饰工艺，那就是灰塑。灰塑不仅具有"三雕"所展现的立体感，而且具有壁画的色彩感，有很好的建筑装饰效果和艺术欣赏价值，与"三雕"一道成为岭南建筑的亮丽风景。

🔹 广州灰塑

因地制宜色彩斑斓

在珠江三角洲一带的祠堂、寺庙及富贵人家的大宅屋脊上、天井墙壁上，必有一种色彩斑斓、类似雕塑的装饰，有的是瑞兽或花鸟，有的是传统故事。这些岭南建筑的特色装饰就叫灰塑，俗称灰批。灰塑这一传统的民间工艺具有显著的地域特征，其采用的材料是适合广东炎热而潮湿气候的石灰。

制作灰塑时，艺人在景物之中或每组图案之间，巧妙地留出装饰性通风孔，从而减轻台风对脊饰的猛烈冲击。由于灰塑的材料以石灰为主，又无须烧制，十分便利和实用。加上它独特的传统民间美术价值，符合本地民众的审美需求。如传统的民居习惯在家庭天井上塑上"天官赐福"供家人朝拜和祈福，灰塑手艺人便到建筑现场，因地制宜，制造出栩栩如生的不同类型的灰塑，满足民众需求。

广东灰塑于南宋时已存在，明代扬名，清代至民初最为繁盛，广州的陈家祠建筑集中体现广东灰塑艺术的多彩多姿。这座建造时间长达 4 年，于清光绪二十年（1894）建成的陈姓合族大宗祠，灰塑总长度近 1800 米，主要装饰在屋脊基座、山墙垂脊、廊门屋顶、厢房和庭院连廊等处，内容十分丰富，《三国演义》《竹林七贤》《公孙玩乐图》等经典的传说故事都通过灰塑表现出来。陈家祠的灰塑作品还包括了清代"羊城八景"之"镇海层楼""琶洲砥柱"等，灰塑上的瑞兽、花鸟等图案装饰更是琳琅满目。陈家

巧匠心
岭南文艺

祠山墙垂脊上蹲伏的6对灰塑独角狮，它们全身朱红色，圆睁巨目，气势雄伟，寓意辟邪保平安。此外，陈家祠的灰塑中有不少蝙蝠的形象，其中以5只蝙蝠围绕寿字的《五福捧寿》及蝙蝠和桃子组成的《福寿双全》的灰塑最为精妙。蝙蝠因其"蝠"与"福"谐音，故民间把它视为象征福寿的吉祥物。总之，陈家祠的灰塑美不胜收，这些塑艺之精、规模之大、题材之丰，居岭南建筑之首。

在番禺沙湾镇三稔厅（广东音乐何氏三杰故居）、康公古庙、三善鳌山古庙群、曾氏宗祠等建筑物上也有不少灰塑艺术作品。

随着时代的发展，新的建筑已鲜有以灰塑作装饰。灰塑这种传统的民间工艺慢慢淡出人们的视线，既有材料原因，也有后继无人的问题。现在广州地区掌握灰塑艺术的人不多，梁棉是其中之一。

梁棉，番禺沙湾三善村人，与当年"灰塑状元"靳耀同村。他自幼随父学灰塑，善塑人物、花鸟。1984年年初，梁棉参加修葺番禺名祠留耕堂外围墙灰塑，一举成名。后来他与儿子一起修葺了番禺余荫山房（广东四大名园之一）、顺德西山古庙、沙湾三善古

🌿 余荫山房灰塑

庙群等建筑的灰塑，颇有口碑。1994 年，梁棉父子与何焕文等成立灰塑工艺队，为沙湾紫坭宝墨园创作不同类型的灰塑，其中最引人注目的是影壁《清明上河图》顶墙上的花鸟、虫鱼灰塑。

花都出了个邵成村

邵成村是广州花都人，已有几十年做灰塑的经验。他的故事要从 1979 年说起。当时广州的六榕寺大修，有关单位请他父亲邵耀波修复灰塑。那一年冬天，14 岁的邵成村放寒假，他第一次看到灰塑的制作过程，见着那些简单的石灰和稻草，经过父亲的巧手，变成了巧夺天工、惟妙惟肖的花卉图案和人物形象，他的眼睛发亮。在场的父亲邵耀波看到了，便鼓励他来学习灰塑。当时父亲告诉他，做这行，虽发不了财，但也是一门技艺，走到哪里都可以糊口。1980 年，邵成村初中毕业，便正式跟父亲学习灰塑。

灰塑是一门看天吃饭的手艺，风吹日晒是家常便饭。遇到晴天，邵成村要爬到十五六米高的屋脊之上工作，无论太阳有多大，一待就是三四个小时。虽然工作辛苦，他的心中却很兴奋，他觉得自己在做一件大事，要让传统建筑整旧如新。他要将陈家祠的灰塑恢复到原来的样子，就必须努力揣摩过去那些艺人的手法和技艺，这个过程充满汗水，也蕴藏着很大的快乐。

数十年来，邵成村与父亲组建了一支灰塑施工队，活跃在珠三角一带，为广州的陈家祠、南海神庙等全国重点

文物单位创作、修复精品灰塑。灰塑是暴露在建筑表面的装饰艺术，由于位置最为突出，加之精雕细刻，受空气污染和风雨侵袭也就格外严重。部分灰塑内部埋藏的铜铁线时间长了也会锈蚀或膨胀，破坏灰塑的结构，定期"体检"和"美容"就是保持其魅力的最佳方式。最让邵成村自豪的是他还承担了佛山祖庙灰塑的修复。他是经过佛山文化部门仔细筛选后才被选中的，一来，之前邵成村多次参与陈家祠有关古建筑的修复工作；二来，他身壮力健，是目前广东手艺最全面的灰塑艺人之一，花鸟、狮子、人物等灰塑中最常见的主题，他都能圆满完成。更重要的是，邵成村采用的是地道的传统修复方式。

"灰塑"一词有"灰"字，很多人误认为灰塑是暗淡之色，实际上岭南建筑上色彩最亮丽的就是灰塑。除了点缀功能外，灰塑具有防潮、防蛀、防台风等作用，火灾时还能阻挡火势蔓延到其他房子。

邵成村为传播灰塑艺术，曾向一些游客做过一个有趣的调查：祖庙正殿正脊上的灰塑，绘的是哪种动物的造型？有人说，它们是麒麟，也有人说，它们是神兽，更有人说它们是龙或是凤。邵成村摇摇头道："22米的灰塑上绘的全是一只只姿态万千的蝙蝠。不但如此，两旁的立体灰塑还是蝙蝠。"说出这个答案时，几乎让所有人惊讶，"全部都是蝙蝠吗？"

邵成村解释道，在祖庙装饰大量蝙蝠造型的灰塑，是人们对福寿双全的一种向往，而陈家祠的灰塑则大量采用瓦檐狮子形象，希冀陈氏后人能"独占鳌头"。这些知识游客们大多不知道。为了传播灰塑工艺知识，邵成村曾在广州花都区资政大夫祠举行过一场灰塑技艺流程的图板展示，希望让更多的人认识了解灰塑这门传统手工技艺。

灰塑技艺是一门精湛又需要体力的手艺活，经常要在烈日当空下在高空手架上爬高爬低，且工作要十分专心，每一样成品均独一无二。制造时要历经几大步骤：步骤一是构图制骨，通过下钢钉、扎铜线来塑造出最初的模型。步骤二是草筋灰批底，"草筋灰"是将稻草梗加入石灰膏中制成的，工匠再沿着先前已经定制好的线条，将草筋灰附着上去，塑造初具风貌的粗胚。批底要一层一层地刷，每刷一层都要根据空气湿度来等待一定的时间，让石灰晾干缩紧，再批第二层。步骤三是纸筋灰塑型，这是精修环节。"纸筋灰"是将玉扣纸（粗纸）混入石灰膏中制成的，相比草筋灰，纸筋灰更加细腻和幼滑，适合细节部分的塑造。这一道工序对工匠手法要求甚高。步骤四是上色灰，把颜料掺在纸筋灰里，表达作品的基本颜色。步骤五是彩绘着色，这道工序与天气湿度关系密切，有经验的灰塑艺人会根据天气变化决定是一次绘完还是分几次绘完，让颜色依照石灰变干的速度"吃"进作品里面去，由于石灰干燥的时间直接影响其硬度，所以作品完工后还要封闭一周，才能接触阳光雨水。这样经过几大步骤出来的灰塑成品是相当坚硬的，哪怕是历经百年也不变。

如此繁杂的体力和手工活，做灰塑成名的邵成村收入

应该很可观吧？他却苦笑着说，因无余钱在城市买房，他
们一家人至今仍挤在乡下老宅里。实际上，由于收入低，
工作时又要被风吹日晒，已经很少有人愿意学习灰塑艺术
了。目前，在广东省内，总共只有几十人以此为生，而他
所带领的 20 人团队还是其中的一部分。不可否认，学习
灰塑是一个非常艰苦的过程。用邵成村的话说："一般来说，
一个人如果不认同灰塑，可能一两年之内就会离开建筑队，
如果学了 4 年以上，基本上不会转行而会安心做灰塑。"
目前，邵成村建筑队的工友基本都是邵成村的同乡，其中
一半以上还是"90 后"的年轻人。

　　随着国家对中华传统文化的保护进程的大力推进，大
量的旧祠堂及文物单位要"修旧如旧"，更重要的是传统
文化技艺需要传承，所以保护岭南建筑灰塑艺术这一非物
质文化遗产，便成为当务之急。2010年，广州灰塑被列入
国家非物质文化遗产名录，邵成村成为国家级代表性
传承人。

　　广州灰塑体现了本地手艺人因地制宜，富于创造性和
实用性的才智，具有极大的社会文化价值。广州灰塑是岭
南文化多样性的代表之一，是人们了解和体验传统文化的
一个有效途径。可惜，如今这种传统的民居越来越少，一
些学者真担心灰塑这一民间建筑装饰会退出历史舞台。

朴实高雅——砖雕艺术

　　砖雕，顾名思义是在砖上雕出图形或装饰。砖雕的材料是土质上乘的青砖，民间艺人运用凿和木槌以锯、钻、刻、凿、磨等手法，把青砖加工成人物、花卉、鸟兽等吉祥内容的图案，装饰在祠堂、庙宇及民居的门楼、屋脊、角带、山墙、影壁、飞檐、栏杆和神龛楣边等处。

　　● 陈家祠的砖雕

岭南建筑多有砖雕

　　岭南传统建筑离不开三雕一灰塑，砖雕就是三雕之一。如果说建筑装饰上的灰塑是瑰丽的，那么，古建筑的砖雕装饰就是质朴的。当你走进珠江三角洲一带的古民居和祠堂建筑，如广州的陈家祠、番禺宝墨园、番禺沙湾镇的留耕堂、三善古庙群等，在山墙的上壁、大门两侧壁面、门楼、门檐等处，到处可见砖雕作品，它们或独立存在，或与彩绘、灰塑、陶塑等装饰一处，相互争辉。虽然砖雕色彩基本是单一的青白（用料是青砖），但因其作品的刀工精细，人物的生动细腻，砖雕成为岭南建筑中一种朴实而又高雅的墙体装饰艺术。

　　我国砖雕工艺历史悠久，早在砖瓦被应用于房屋建造之初便已出现了简单的砖雕艺术。在秦汉时期，砖雕艺术广泛流传于宫殿、官邸、民居、寺庙、墓葬等建筑之中。而岭南砖雕作为我国砖雕艺术的一个重要流派和组成部分，产生的年代也甚为久远。近几年在广州市中山四路发现的古南越王宫署遗址便出土了部分刻有花纹的汉砖，特别是代表性的熊纹空心砖，将广州砖雕的历史追溯到了汉代。

　　到了明代，广州砖雕已在各地盛行。清末民初也有大量流散工匠自制各种形状、规格的砖雕去集市上摆卖，砖雕成了岭南水乡民间建筑的一大特色。广州砖雕的影响遍及东南亚各地，东南亚各地的古建筑中就多有采用广东砖雕艺术品加以装饰的。

清代建筑广州陈家祠就有不少精美的砖雕艺术，大门两侧墙面布饰6幅巨型砖雕（各宽4米，高2米），包括《群英会》《聚义厅》《刘庆伏龙驹》等古典人物故事，均布局严谨、雕刻精巧、层次分明、造型生动，富有装饰性与浓郁的地方特色。这些砖雕由当时著名砖雕艺人黄南山、杨鉴廷、黎壁竹、陈兆南、梁进等雕刻，其中《五伦全图》是清光绪年间著名民间艺人梁澄所作，其规模及其雕制之精是岭南地区所罕见。其阴刻、阳刻、高浮雕、浅浮雕、圆雕、透雕等技艺令人叹为观止；布局取自传统的中国画模式，画面丰富而有节奏，通过民间美术常用的凤凰、仙鹤、鸳鸯、鹁鸪、莺这五种禽鸟，反映五伦（即五常，君臣、

◆ 梁澄的作品《五伦全图》

父子、夫妇、长幼、朋友）的道德关系，是一幅立体的优美的花鸟画。

清代广东砖雕工艺人中以番禺沙湾的黎文源最负盛名，他曾被慈禧太后召入京城，装饰颐和园，在清廷造办处担任"内廷供奉"之职，他后来将技艺传给了番禺紫坭的杨瑞石和同村的黎普生兄弟。民国时期，古坝村的韩作轩也颇有名气。

新世纪之星何世良

在此得说一说当代年轻的砖雕工艺师何世良。

何世良是一个痴迷于砖雕、木雕的世纪奇才，20 世纪 70 年代出生在"中国民间艺术之乡"的广州番禺沙湾镇。沙湾的砖雕在明代已盛行，是岭南水乡民间建筑的一大特色，影响至东南亚各地。明代沙湾砖雕的风格是造型概括简练，落刀利索。清代乾隆时，沙湾砖雕的洋雕风格（挂线砖雕）已出现，至清末更成熟，其特色是富有色彩效果，如深凹线花纹、浅凹线袖纹、深凹线须纹等能衬托出深浅之色彩。何世良自小喜欢画画，喜看古建筑中的工艺，喜欢流连于老房子、旧祠堂之间，他经常为了看镶在祠堂、庙宇、民宅的墙头、墀头、照壁、檐下、门楣、窗额等处的砖雕和木雕，以至于"忘食"。有一年，沙湾镇著名祠堂留耕堂要修葺，当时还是初中生的何世良每天一放学就去看那祠堂的修复，看着那些破旧的砖雕和木雕修复后变得栩栩如生，重新大放异彩，他就想，有朝一日自己也要做这样的能工巧匠。

何世良对砖雕艺术情有独钟，他心里老觉得那质地松脆、别有一种"味"的古青砖是他施展才华的好东西，他就扎扎实实地钻研下去，从实践中学。他几乎跑遍了珠三角的古祠堂，拍了不知多少照片。为找到有关砖雕的书籍，他跑遍广州大小书店，终于买到一本关于砖雕的书。他如获至宝，将字字行行读进心里，将每章每篇读到了骨髓里。读专业的书籍使他心胸豁然开朗，"观千剑而后识器"，他要打开眼界。于是，何世良利用假期到国内历史名城游历，看各地的砖雕、木雕和石雕，领略汉唐的古拙朴素、宋代的简洁凝练，其中徽州砖雕对他影响最大。渐渐地，他在心中形成构想，可否将砖雕各家之长融为一体？可否吸收木雕、石雕的一些技法，使岭南砖雕焕发生机？想到就去做，何世良熟悉了青砖松脆的特性，胆子就大起来，当宝墨园有好几处建筑需要砖雕装饰时，他就承接下来，按宝墨园的园林风格布设人物、花卉、风景、动物等砖雕图案纹饰，并做到精细华美，错落多姿，为园中建筑添色不少。

何世良善琢磨，功夫越做越好，刀锋越磨越利，获得的赞许越来越多。一股豪气在他胸中涌起，心中酝酿着想做一件大事，一幅巨型艺术砖雕的雏形经常闪现在他梦中。

机遇终于来了！21世纪初，主持修建宝墨园工程的总指挥梁伟苏做出一个大胆决定，园区的正门前要制造一

幅巨型砖雕影壁，初命名为《百花吐艳，百鸟和鸣》，工艺制作交给了当时名不见经传的何世良负责。

当时才二十来岁、没有受过正规美术教育的何世良能否担当此任？这可不是一两件简单的砖雕，而是需要巨大的才智和魄力，需要深厚艺术功底才敢接的大型工艺制作。初生牛犊不怕虎，年轻的何世良欣然受命，组织培训了十来个志同道合者承担这一艰巨的工程。

何世良和他的伙伴，一车一车地把那些"蓬头垢面"的旧青砖拉回番禺沙湾的工场，8万多块旧青砖，堆成一座小山。大热暑天时，人们恨不得24小时都钻进空调下，他们却站在热辣辣的太阳下，闻着刺鼻的气味，一块一块地把旧青砖拣出来。这一拣，就拣出4万多块，再次堆成小山形状——这就是未来的巨型砖雕影壁《百花吐艳，百鸟和鸣》（又称《吐艳和鸣壁》）的材料。

材料够了，但工匠们得会做。这需要创作，需要智慧，需要生命的独特体现，要雕成百鸟图，需要设计近千只鸟，种类达百种，这已不易。何世良善读，他大量阅读《百鸟谱》等书，逐一设计了不同造型的鸟。何世良好思，他的设想是要百鸟朝凤，要突出丹凤的美丽、高贵。花卉的设计更花心思，他参考了《花卉图谱》等书，除传统的梅兰菊竹做了精心设计外，还设计了大量岭南花果，如荔枝、芭蕉、红棉、荷花等，使浓郁的岭南特色溢满画面，其中一些花树，是过去岭南砖雕从未出现过的。那段时间，光是广州的广东民间工艺博物馆，何世良就跑了几十趟，拍了数十卷胶卷，认真地揣摸前人砖雕的精华，又借鉴了木雕、玉雕等技法。

走进何世良的砖雕工场一看，还真有点惊心动魄。那里烟尘弥漫，古老青砖虽然质地密实，但比起硬木来就十分松脆，一打磨，一雕刻，粉尘四散，加上大风力的风扇一吹，真是满天拂尘。热天时，何世良也得戴上工业防尘口罩、眼镜、防护帽，把自己包得严严实实，一干就是好几小时，而且得聚精会神。天热时辛苦得透不过气，天冷时又要开着大风扇把那砖灰吹走，又冷又闷的滋味更不好受。在如此艰苦的环境下工作不是几天，而是七八百天，何世良的苦和累确实难以用言语表述。

经过三年苦战，何世良把别人没法想象的苦和累一口吞下，通过绝妙刀工将他的奇思化成一幅宏伟的大型砖雕《吐艳和鸣壁》，呈现在宝墨园的正门影壁上。

这一幅巨型浮雕影壁《吐艳和鸣壁》，长达 22.38 米，高 5.83 米，厚 1.08 米，整个作品前后两面总面积为 260 平方米。在这大型的青砖浮雕上，正面通过圆雕、透雕、或深或浅的浮雕以及难度极高的挂线雕等工艺，雕出神采各异的鸟类 600 多只、争妍斗丽的花草 100 多种；影壁的中心是一对栩栩如生的凤凰，影壁以百花吐艳、百鸟和鸣寓意中华民族大团结、祖国繁荣昌盛；影壁的背面则雕有东晋书法名家王羲之的《兰亭序》，笔意、神韵跃然"砖"上。

　　雕塑家潘鹤教授感慨道："一个才 30 岁的年轻人，做了 7 年砖雕，就敢于承担制造这样大型的艺术雕塑，这在雕塑界是少见的。一般的美术学院研究生出来工作几年，也不一定敢承担这样大的工程。只有在民间，像何世良这样的年轻人，才会创造这样的奇迹。"

　　奇迹本来就是人创造的，位于广州番禺宝墨园内的巨型艺术砖雕《吐艳和鸣壁》，被世界吉尼斯确认为"世界最大的砖雕作品"。

　　何世良获广东省非物质文化遗产传承人、广东省新世纪之星、广州市农村优秀民间文艺家、番禺区十大杰出青年、全国农村优秀人才等称号，2012年当选为广州市第十四届人大代表。人们从何世良这位年轻艺人身上看到，千年的广东砖雕技艺又获得了重生。